W0195142

Wenn der Partner geht

Doris Wolf

Wenn der Partner geht

Wege zur Bewältigung von Trennung und Scheidung

PAL

Bibliografische Information Der Deutschen Bibliothek
Die Deutsche Bibliothek verzeichnet diese Publikation in der Deutschen Nationalbibliografie; detaillierte bibliografische Daten sind im Internet über http://dnb.ddb.de abrufbar.

ISBN 3-923614-74-8

17. Auflage 2004

Herstellung: C. Bockfeld, Neustadt

Inhalt

Einleitung

Liebe Leserin, lieber Leser,

Das Thema dieses Buches liegt mir aus zwei Gründen ganz besonders am Herzen: zum einen weil mir in meiner psychotherapeutischen Praxis täglich viele verzweifelte Frauen und Männer begegnen, die sich gerade in einer Trennungs- bzw. Scheidungskrise befinden; zum anderen weil ich mich selbst vor einigen Jahren in genau dieser schwierigen Lage befunden habe. Mein Partner hatte mir plötzlich und für mich völlig unerwartet eröffnet, daß er sich von mir trennen möchte. Damals habe ich mich nicht wiedererkannt. Ich hätte nie gedacht, mich jemals so hilflos, verlassen und verzweifelt zu fühlen. Ich glaubte damals, nie mehr in meinem Leben glücklich und zufrieden sein zu können. Ich durchlebte Phasen von tiefer Verzweiflung, Hoffnungslosigkeit, Angst, Haß, Schuldgefühlen und Selbstzweifeln. Heute weiß ich, daß all diese Gefühle nach einer Trennung/Scheidung normal sind und daß in all diesen Gefühlen schon die Wurzel für einen Neuanfang steckt.

Ja, heute behaupte ich, daß diese Trennung eine der wichtigsten Erfahrungen meines Lebens darstellt. Ich habe damals erfahren, wie wenig Selbstvertrauen und Achtung ich mir selbst gegenüber hatte. Erst durch die Trennung ist mir bewußt geworden, wie abhängig ich mich von meinem Partner gemacht hatte. Erst durch die Trennung ausgelöst habe ich begonnen, mich zu fragen, was mir im Leben wichtig erscheint.

Heute kann ich gegenüber meinem Partner sogar Dankbarkeit empfinden. Ohne ihn hätte ich den Weg zu einer reifen und gleichberechtigten Partnerschaft nicht so schnell finden können.

Diese Erkenntnis mag für Sie, wenn Sie gerade noch tiefen Schmerz verspüren, sarkastisch klingen. Sie brauchen mir im Augenblick nicht zuzustimmen. Sie brauchen und können noch nicht fühlen, daß das Ende einer Partnerschaft tatsächlich eine Chance darstellt.

Alles, was Sie im Augenblick brauchen, ist die Bereitschaft, mich in diesem Buch zu begleiten. - Und wenn Sie sich selbst demgegenüber im Augenblick innerlich noch sträuben, dann legen Sie das Buch nochmals für eine Weile aus der Hand. Viele Menschen haben Angst davor, beim Lesen des Buches zu schnell Abstand von ihrem Partner zu bekommen. Das Lesen des Buches ist für sie wie ein Verrat der Partnerschaft und Liebe. Sie spüren innerlich zwei Stimmen. Sie wollen auf der einen Seite ihren Schmerz loswerden, auf der anderen Seite aber noch nicht darangehen, sich mit dem Ende der Partnerschaft zu beschäftigen. Lassen Sie sich noch ein wenig Zeit. Sie können, wann immer Sie wollen, zu mir und meinem Buch zurückkehren. Ich werde auf Sie warten.

Ich weiß, daß es schmerzt, Abschied zu nehmen, und daß man am liebsten alles ungeschehen machen oder den Kopf in den Sand stecken würde. Die Bewältigung einer Trennung ist wie das Besteigen eines Berges - nur daß Sie sich nicht freiwillig ins Tal gestellt haben. Sie haben nicht freiwillig Ihren Koffer gepackt und sind auf Reisen gegangen. Sie wurden sozusagen „zwangsweise verschickt". Den Weg durch die Trennungskrise beginnen Sie ganz unten im Tal. Sie entscheiden dann - so hoffe ich, sich aus dem Tal auf den Weg zum Gipfel zu machen. Schritt für Schritt müssen Sie sich nach oben emporarbeiten. Es gibt keine Möglichkeit für Sie, direkt vom Tal zum Gipfel zu gelangen. Für den Aufstieg brauchen Sie Zeit. Der Aufstieg ist beschwerlich. Sie werden Pausen einlegen und Umwege gehen müssen, aber Sie können den Gipfel erreichen.

Ich werde Sie auf dem Weg zum Gipfel begleiten. Ich kann den Weg nicht für Sie gehen. Ich kann Ihnen Ihre schmerzlichen Gefühle nicht abnehmen. Ich kann Ihnen jedoch dabei helfen, daß Sie sich auf Ihrem Weg zum Gipfel nicht verirren oder gar verschüttgehen.

Sie werden in diesem Buch Schritt für Schritt erfahren, wie Sie Ihren Schmerz, Ihre Wut, Angst und Schuldgefühle abbauen können. Auch in Ihrer Trennung steckt die Chance, sich weiterzuentwickeln und gestärkt aus der Krise hervorzugehen. Sie haben die Chance, sich wieder aufzurichten, Ihre seelischen Schmerzen zu lindern und zu gesunden. Sie können verhindern, daß aus Ihrer tiefen Enttäuschung eine chronische Depression oder chronischer Haß auf Ihren Partner oder sogar auf die gesamte Menschheit wird. Sie können die Zeit Ihres Trauerns erheblich verkürzen.

Ferner erfahren Sie, wie Sie die Trennung ohne fremde Hilfe positiv bewältigen und in Zukunft solche tiefen seelischen Verletzungen weitgehend vermeiden können.

Ich wünsche Ihnen viel Mut, Kraft und Energie auf dem Weg zu einem neuen Lebensabschnitt.

Ihre
Doris Wolf

Mein Buch richtet sich gleichermaßen an Frauen und Männer. Alle durchlaufen den gleichen Trennungsprozeß. Der Einfachheit halber, und weil ich eine Frau bin, spreche ich jedoch im gesamten Buch nur von „dem Partner, der gegangen ist".

- 1 -
Die 4 Phasen der Trennungserfahrung

du bliebst kurz stehen
im windfang
vier augen
ein blick
ein ende
und dann habe ich mein bett
aus unserem haus getragen und verladen

Ich weiß nicht, wie lange Ihr Partner sich schon von Ihnen getrennt hat. Sind es eine Woche, vier Wochen, drei Monate, ein Jahr? Ich weiß nicht, ob Sie verheiratet waren oder in einer Lebensgemeinschaft zusammengelebt haben. Ich weiß nicht, ob die Trennung Sie mit oder ohne Kinder, mit oder ohne finanzielle Absicherung, aus heiterem Himmel oder langsam anbahnend traf.

Gleichgültig, wie lange und unter welchen Lebensumständen Sie verlassen wurden, nach einer Trennung sind Gefühle der Verzweiflung, der Wut, des Hasses, der Angst und der Schuld ganz normal. Auch die Trennung vom Partner durch den Tod führt zu diesen negativen Gefühlen. Sie reihen sich nun ein in eine große Gruppe von Menschen, die gerade jetzt auch diese Gefühle verspüren. Bei den einen trifft ein Trennungserlebnis früher, bei den anderen später in ihrem Leben ein. Manche werden nur einmal, manche mehrmals in ihrem Leben mit einer Trennung konfrontiert. Mit dem Eingehen einer Partnerschaft geht jeder auch das Risiko ein, bei der Trennung diese negativen Gefühle mehr oder weniger stark zu erfahren. Ja, jeder Mensch, der sich emotional an einen anderen Menschen, ein Tier oder einen Gegenstand bindet, wird all diese unangenehmen, erschütternden

Gefühle erleben, wenn er sich aufgrund irgendwelcher Umstände von ihnen trennen muß.

Jeder Mensch, der sich in einer Trennungssituation befindet - zur Zeit kommt auf 3 Ehen 1 Scheidung in der BRD - durchläuft einen Prozeß, den ich in vier Phasen einteilen möchte: Die Phase des Nicht-Wahrhaben-Wollens (I), die Phase der aufbrechenden Gefühle (II), die Phase der Neuorientierung (III) und die Phase des neuen Lebenskonzeptes (IV).

Die vier Phasen sind nicht eindeutig voneinander getrennt. Sie können sich überlappen, zusammenfallen und sich miteinander vermischen. Besonders innerhalb der ersten beiden Phasen kommt es häufig zu Überschneidungen. Die Phasen der Trennungsverarbeitung verlaufen zudem nicht kontinuierlich. Es wird Fortschritte und Rückschritte geben. Sie können es sich so vorstellen, daß Sie, auch wenn Sie schon in einer fortgeschrittenen Phase sind, hin und wieder zurückfallen können. Meist ist der Rückfall jedoch erheblich kürzer und von weniger intensiven Gefühlen begleitet.

Jede dieser Phasen ist für Sie notwendig und sinnvoll - auch wenn Sie am liebsten bei Phase IV anfangen würden. Jede bietet Ihnen Möglichkeiten, neue Seiten von sich kennenzulernen und das Gefühl der Stärke zu entwickeln, diese Phase zu bewältigen.

Höre ich Sie fragen, was Sie jetzt in Ihrem Zustand mit all dieser Theorie anfangen sollen? Ich weiß, Ihnen steht wahrscheinlich im Augenblick der Kopf nicht nach dem theoretischen Wissen, welche seelischen Phasen man nach einer Trennung durchläuft. Ihnen genügt es, zu erleben, wie elend es Ihnen gerade zumute ist. Bitte, bleiben Sie trotzdem in Ihren Gedanken bei mir. Aus meiner Erfahrung weiß ich, daß dieses Wissen über die verschiedenen Phasen Ihnen helfen kann, Ihre Gefühle besser zu verstehen und zu akzeptieren. Sie werden sich Ihren Gefühlen gegenüber nicht mehr so hilflos und ausgeliefert

Die 4 Phasen der Trennungserfahrung

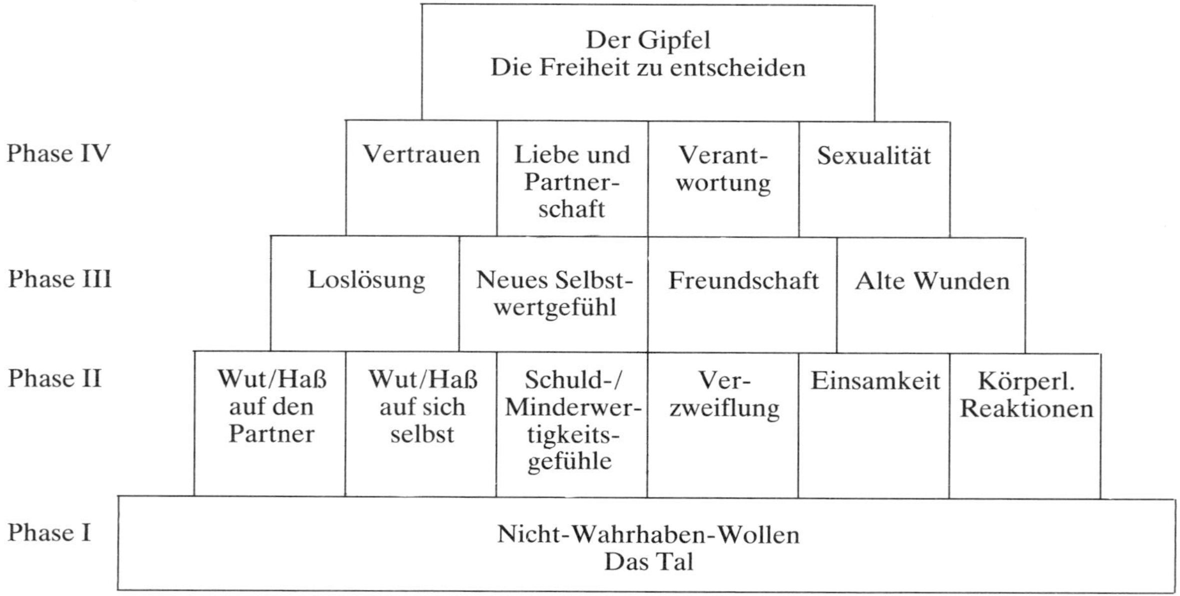

fühlen. Sie werden nicht mehr den Eindruck von sich haben, absolut gestört oder gar verrückt zu sein. Wenn Sie Ihre Gefühle und Gedanken besser verstehen, dann sind Sie auch in der Lage, diese zum Positiven zu verändern.

Die 4 Phasen der Trennungserfahrung

Phase I: Nicht-Wahrhaben-Wollen

Diese Phase ist gekennzeichnet durch Verleugnung und Ignorieren der endgültigen Trennung. Sie spielen das Spiel: „Gib mir noch einmal eine Chance. Ich werde alles anders machen." Wenn Ihr Partner ausgezogen ist, suchen Sie nach Gründen, wieder Kontakt mit ihm aufzunehmen. Sie fahren ihm nach oder inszenieren ein „zufälliges Treffen". Wenn Sie noch mit ihm zusammenleben, beobachten Sie beständig, ob er beispielsweise an einem Tag freundlicher zu Ihnen ist oder sogar noch einmal mit Ihnen schlafen möchte. Sie bemühen sich darum, besonders attraktiv und nett zu Ihrem Partner zu sein. Sie weigern sich, die Wohnung zu verändern und Ihren Freunden mitzuteilen, daß Ihr Partner sich von Ihnen getrennt hat. Sie tragen den Ehering noch am Finger und erzählen Bekannten, daß Ihr Partner auf einer großen Reise ist. Täglich warten Sie auf eine Nachricht von ihm oder auf seine Rückkehr. Sie leben in der Hoffnung, alles sei nur ein böser Traum.

Im Wechsel mit der Hoffnung treten Verzweiflung, manchmal auch Wut auf den Partner und Wut auf sich selbst auf. Und damit wären wir in der Phase II.

Phase II: Aufbrechende Gefühle

Die Phase II ist durch starke Stimmungsschwankungen und Orientierungslosigkeit gekennzeichnet. Sie kennen sich selbst nicht mehr. Sie sind verzweifelt, fühlen sich hilflos und sehen keine Möglichkeit, jemals wieder glücklich zu werden. In Gedanken gehen Sie immer wieder all die schönen Erlebnisse durch, die Sie mit Ihrem Partner geteilt haben. Sie denken: „Nie wieder werde ich das ... erleben.". Sie geben sich die Schuld für das Auseinanderbrechen der Partnerschaft. „Hätte ich nur noch mehr für die Partnerschaft getan." oder „Ich hätte öfters ihm zuliebe das ... und das ... tun sollen.".

Sie werden von starken Selbstzweifeln geplagt und machen sich in Gedanken eine Negativliste über Ihre Person: „Ich bin zu dick, unfähig im Bett, kein guter Partner, dumm, unattraktiv, etc.".

Immer wieder kommt in Ihnen ein Angstgefühl hoch. Sie haben Angst davor, Ihr Leben nicht alleine meistern zu können. Schon die alltäglichsten Tätigkeiten, die Sie all die Jahre mit Bravour geschafft haben, trauen Sie sich nicht mehr zu. Sie haben Angst vor den Nächten und Wochenenden und dem Alleinsein in der Wohnung.

Die Veränderung der Finanzen, der Wohnung, möglicherweise die alleinige Erziehung der Kinder, die bürokratische Abwicklung der Scheidung erscheinen Ihnen als unüberwindbare Hürden.

Verzweiflung und Ängste wechseln sich ab mit Wut- und Haßgefühlen. Wenn Ihr Partner in den Augenblicken, in denen Sie auf ihn zugehen und sich um ihn bemühen, nicht auf Sie eingeht, sind Sie wütend auf sich. „Wie kann ich nur so blöd sein, mich so zu erniedrigen!" oder „Ich sollte es nicht nötig haben, ihn so zu brauchen!", sind Ihre Gedanken. Sie verlieren in diesen Augenblicken die Achtung vor sich selbst. Aber gleichzeitig haben Sie auch Wut auf den Partner. „Der sollte mich nicht so abfahren lassen!" oder „Was bildet der sich ein, mich so zu behandeln! Dem werde ich es zeigen. Ich kann genauso hart sein wie er!", sind häufige Gedanken. Sie sinnen nach Möglichkeiten, sich zu rächen und es ihm heimzuzahlen.

Gegen Ende dieser Phase beginnen Sie langsam, wieder Land zu sehen. Es folgt schließlich Phase III.

Phase III: Neuorientierung

Von gelegentlichen kurzdauernden Rückschlägen abgesehen, beginnen

Sie nun, Ihr Leben wieder aktiv in die Hand zu nehmen. Sie sehen, daß Ihr Leben weitergehen kann und Ihnen noch mehr Möglichkeiten als diese eine Partnerschaft offenstehen, um glücklich zu sein.

Sie haben den Gedanken an eine Wiedervereinigung aufgegeben. Die Abneigung und Verbitterung gegenüber Ihrem Partner nehmen ab. Sie beginnen, Kontakte zu anderen Menschen aufzunehmen. Zusammenhänge zwischen Ihrer Persönlichkeit und dem Scheitern der Partnerschaft werden Ihnen deutlich. Sie entwickeln ein neues Selbstwertgefühl und lernen, sich selbst Zuwendung und Anerkennung zu geben.

Phase IV: Neues Lebenskonzept

In dieser Phase Ihrer Entwicklung spüren Sie deutlich, die Trennung ist keine Strafe dafür, daß Sie versagt haben. Sie erkennen, daß sie die einzig mögliche Lösung für eine selbstzerstörerische Partnerschaft war. Durch Ihre Trennung haben Sie gelernt, mehr zu Ihren eigenen Stärken zu finden. Sie können sich jetzt frei entscheiden, ob Sie eine neue Partnerschaft eingehen wollen oder nicht. Ihnen ist bewußter, was Sie sich in einer neuen Partnerschaft wünschen. Sie entwickeln ein neues Konzept von Liebe und Partnerschaft. Sie haben noch eine andere Freiheit gewonnen: die Freiheit, Sie selbst zu sein. Aus Ihrer Vergangenheit haben Sie wichtige Schlußfolgerungen gezogen. Sie haben sich selbst besser kennengelernt und neue Fähigkeiten in sich entdeckt und entwickelt.

Sie werden sich bewußt darüber, welchen Einfluß Ihre vergangene Partnerschaft auf eine zukünftige haben kann. Sie lernen, wieder Vertrauen anderen Menschen gegenüber zuzulassen.

Muß jeder Mensch alle vier Phasen duchlaufen?

Die vier Phasen Ihrer Entwicklung sind vergleichbar mit einer Bergbesteigung. Sie beginnen im tiefsten dunklen Tal und steigen langsam zum hellen Gipfel auf. Sie können bis zum Gipfel gelangen, wenn Sie es nur möchten. Auf dem Weg zum Gipfel werden Sie ein manches Mal am liebsten umkehren oder dort verharren wollen.

Einige Menschen werden nicht die Stärke haben, diese vier Phasen zu durchlaufen. Einige kommen doch noch zu einer Aussöhnung mit dem Partner - nicht aus Liebe, sondern weil für beide Partner das Alleinsein zu schmerzhaft und angstauslösend war. Einige werden in Haß oder Depression steckenbleiben. Sie werden ihren Blick nur in die Vergangenheit lenken, den Verlust betrauern oder ihr Leben damit verbringen, dem Partner Rache zu schwören und ihn mit „Giftigkeiten" zu bombadieren. Einige werden sich vor Erreichen der Phase IV in eine neue Partnerschaft flüchten. Einige werden sich zuvor das Leben nehmen.

All diese Menschen verpassen das wunderbare Gefühl, die Vergangenheit als wichtige Erfahrung abgeschlossen zu haben und sich frei entscheiden zu können.

Lassen Sie mich Ihnen versichern, es ist die Anstrengung wert, sich bis zum Gipfel hochzuarbeiten. Sie können an den Gipfel gelangen, es werden keine übermenschlichen Kräfte verlangt. Es ist kein Gipfel, der nur von Reinhold Messner erreichbar wäre.

Wie lange dauert der Weg bis zum Gipfel?

Im Durchschnitt dauert es 1 Jahr, bis man zu Phase III kommt. 2 - 4 Jahre benötigen die meisten, bis sie ein neues Lebenskonzept entwickelt haben (Phase IV). Einige werden jedoch schneller, andere langsamer sein. Jeder Mensch hat sein eigenes individuelles Tempo, sich auf die neue Situation einzustellen und sich weiterzuentwickeln. Wie schnell Sie an den Gipfel gelangen, ist abhängig von Ihrer Lebensgeschichte und Ihren Einstellungen zu sich und dem Leben.

Lassen Sie sich nicht von der Zeitangabe anderer erschüttern. Sie werden aus der Krise kommen und können bis Phase IV gelangen. Einige Menschen benötigen auch eine zweite gescheiterte Beziehung oder mehrmaliges Wiederversöhnen und Trennen vom Partner.

Versprechen Sie mir, sich nicht zu verurteilen, wenn Sie sich zunächst noch ein paar Mal im Tal verirrt haben. Ich weiß, daß es einfacher wäre, sich mit dem Partner wieder zu versöhnen oder gleich einen neuen Partner zu finden, bei dem Sie sicher wären, daß es Ihnen ewig gutgehen wird und Sie ihn nie verlieren werden.

Aber das Leben funktioniert nicht so. Wenn Sie sich nicht bis Phase IV durcharbeiten, werden Sie immer wieder dieselben tragischen Erfahrungen machen wie bei dieser Trennung.

Noch ein Wort zur Abrundung Ihres Bildes: Auch Ihrem Partner sind die vier Phasen der Trennungserfahrung nicht erspart geblieben. Der Unterschied ist: Er hat während ihrer noch bestehenden Partnerschaft die einzelnen Phasen durchlaufen und ist nun bereits an dem Punkt, sich lösen zu können. Er hat einen zeitlichen Vorsprung vor Ihnen.

Warum kommen manche Menschen gut über eine Trennung hinweg und andere zerbrechen fast daran?

Zunächst einmal müssen wir uns vor Augen führen, daß das äußere Auftreten und Verhalten eines Menschen täuschen kann. Viele Menschen, insbesondere Männer, halten es für eine Schwäche, verzweifelt zu sein und zu trauern. Sie bauen nach außen eine Fassade auf, betäuben sich mit Beruhigungstabletten oder Alkohol und brechen, wenn überhaupt, dann nur in aller Stille zuhause zusammen. Es gibt dennoch Unterschiede darin, wie stark Menschen unter einer Trennung leiden. Verschiedene Faktoren spielen dabei eine Rolle:

1. Die Beziehung zu dem Partner, der sich trennt.
Welche Bedeutung hatte der Partner im Leben des Verlassenen? Gab es viele gemeinsame Aktivitäten? War er die einzige wichtige Bezugsperson? Bestand seitens des Verlassenen noch Vertrauen und Achtung dem Partner gegenüber?

2. Die Persönlichkeit des Verlassenen
Hatte er sein Leben rund um den Partner aufgebaut, sich nur durch die Partnerschaft und seine Zuneigung liebenswert und wichtig gefühlt? Hat er bisher nie alleine gelebt und sein Leben alleine in die Hand genommen gehabt? Hat er in seinem Lebensplan eine Trennung einkalkuliert und sich schon einmal innerlich damit befaßt? Hat er schon einmal eine Trennung erlebt? Hat er das Vertrauen, den Verlust überwinden und sein Leben alleine leben zu können? Sieht er sich attraktiv genug, wieder einen Partner finden zu können?

3. Das Alter des Verlassenen
Vor allem für ältere Menschen, die nach langer Ehezeit verlassen werden, ist die Trennung schwer zu verkraften.

4. Das Geschlecht des Verlassenen
In vielen Untersuchungen wird deutlich, daß sich Männer sehr viel schwerer damit tun, ihr Leben ohne Partner zu arrangieren. Sie werden häufiger krank und lassen im Beruf stark in den Leistungen nach. Von der Gesellschaft wird immer noch erwartet, daß sie in der Öffentlichkeit nicht weinen und Gefühle zeigen. Männer reden mit anderen Männern selten über ihre Gefühle. Von der Umwelt bekommen sie nach einer Trennung meist mehr Unterstützung als Frauen, weil sie ja „in vielen Dingen hilfloser sind". Von Kollegen werden sie schneller wieder in Kontakt mit anderen Frauen gebracht. Meist gehen sie auch schneller wieder eine Beziehung ein - auch wenn sie den Ablösungsprozeß noch nicht vollständig durchlaufen haben.

5. Die Umstände der Trennung
Kam die Trennung unerwartet aus heiterem Himmel oder hat sie sich durch zahlreiche Androhungen und auch häufige Konflikte angekündigt? Trennte sich der Partner, weil ein neuer Partner im Spiel war? Führt die Trennung auch zu dem Verlust einer finanziellen Absicherung, der Wohnung, der Kinder, des Arbeitsplatzes, des gesellschaftlichen Status? Ist der Verlassene berufstätig oder kann er zumindest auf eine Berufsausbildung zurückgreifen? Gibt es einen stabilen stützenden Freundeskreis? Gibt es einen langen Weg durch die Gerichtsinstanzen, bis es zu einer Scheidung kommt?

Was gibt es an Hilfsangeboten?

In diesem Buch werden Sie Hilfestellungen finden, wie Sie die einzelnen Phasen durchleben können, ohne darin steckenzubleiben. Wenn Sie bemerken, daß Sie eine direktere persönliche Hilfestellung durch einen Therapeuten benötigen, finden Sie im Anhang eine Therapeutenliste. Sie können auch in Ihrem örtlichen Branchenverzeichnis unter der Rubrik <Psychologen> und <Psychotherapie> nachschlagen. In jeder größeren Stadt gibt es auch Beratungsstellen wie die Pro Familia oder Ehe- und Familienberatungsstellen, die Ihnen weiterhelfen können.

Hilfe durch einen Fachmann zu suchen ist keine Schande. Es zeigt, daß Sie sich und Ihr seelisches Wohlbefinden wichtig nehmen. Sie sind weder „unfähig" noch „verrückt", wenn Sie Unterstützung von außen suchen. Wirklich „verrückte" Menschen gehen nicht zum Therapeuten, denn Sie glauben nicht, daß Sie Hilfe benötigen. Wenn Sie der einzige Mensch wären, der Unterstützung bei der Lösung seiner Probleme suchen würde, könnte keine Beratungsstelle und kein einzelner Therapeut davon leben. Nutzen Sie die Chance, sich helfen zu lassen, wenn Sie den Eindruck haben, dadurch leichter mit der Trennung fertigwerden zu können.

Alarmzeichen, wann Sie unbedingt einen Therapeuten aufsuchen sollten:

• wenn Sie sich täglich damit beschäftigen, sich das Leben zu nehmen und sich schon einen genauen Plan hierzu ausdenken.
• wenn Sie aus Ihrem Schmerz herauskommen möchten, aber keinen Weg hierzu finden.
• wenn Sie Ihren Körper, die Ernährung und Hygiene vernachlässigen, weil Sie denken, es sei eh alles sinnlos.
• wenn Sie länger als vier Wochen Beruhigungs- und Schlafmittel nehmen, täglich oder exzessiv Alkohol trinken, zu viel oder zu wenig essen.
• wenn Sie sich gerne mit einer neutralen Person aussprechen möchten, aber niemanden haben, dem Sie offen und auch immer wieder über Ihre Gefühle erzählen können.

Was ich Ihnen in diesem Buch mitgeben möchte

Ich möchte Sie gerne in diesen vier wichtigen Phasen Ihres Lebens begleiten. Sie werden in diesem Buch die Erfahrungen finden, die ich durch meine Trennung und durch therapeutische Gespräche mit den Klienten in meiner Praxis gesammelt habe. Ich werde Ihnen all die Hilfestellungen geben, die ich meinen Klienten auch gebe.

Viele dieser Hilfestellungen stoßen bei Ihnen zunächst vielleicht auf Widerstand. Sie mögen einwenden: „Die hat leicht reden.", „Bei mir geht das nicht so einfach.", „So schlimm wie bei mir war es bei ihr bestimmt nicht.", „Ich kann das nicht machen, was sie so einfach empfiehlt.", „Ich bin zu schwach.".

Diese Reaktion ist normal und menschlich. Aber ich weiß auch, daß Sie schneller aus Ihrer Krise herauskommen werden, wenn Sie diese Hilfestellungen auf sich anwenden. Und das ist doch Ihr Wunsch, oder?

Ich möchte Ihnen Ihre Gefühle nicht wegnehmen oder sie abtun. Sie sind der einzige Mensch, der spürt, was in Ihnen alles an Gefühlsstürmen tobt. Niemand kann sich ganz genau in Sie hineinversetzen und nachempfinden, wie es Ihnen jetzt im Augenblick geht - auch kein Therapeut. Niemand hat haargenau dieselben Gefühle empfunden wie Sie jetzt im Augenblick. Ich kann Ihnen nur von meinen Gefühlen nach der Trennung erzählen und darüber, was Menschen in gleicher Situation mir während der Therapie offenbaren. Wenn ich Ihre Stimmung also an bestimmten Stellen in meinem Buch nicht ganz genau treffe, bitte ich Sie, mich zu entschuldigen.

Wo auch immer Sie im Augenblick stehen, kann ich Ihnen jedoch versichern, daß Sie nicht hilflos sind. Ihr Partner hat entschieden, sich von Ihnen zu trennen. Das ist sein Recht. Aber er hat keine Möglichkeit, über Ihre Gefühle zu bestimmen, wenn Sie es nicht wollen. Das ist Ihre Freiheit und gleichzeitig Ihre Chance.

Nur weil Sie diese Freiheit haben, können Sie jetzt sofort Ihre Bergbesteigung beginnen und wieder Selbstvertrauen, Lebensfreude und innere Harmonie gewinnen. Ja, Sie können sogar noch weit über Ihre jemals erlebten positiven Gefühle hinausgelangen - auch wenn Sie es sich im Augenblick nicht vorstellen können oder schon mit weniger zufrieden wären.

Wie Sie am besten mit diesem Buch arbeiten

Lassen Sie sich Zeit bei der Durcharbeitung des Buches. Ich habe dieses Buch so aufgebaut, daß ich Sie von Phase I bis IV begleiten kann. Arbeiten Sie sich von Kapitel zu Kapitel vor. Lesen Sie zunächst jedes Kapitel einmal durch, um sich einen Überblick zu verschaffen. Dann wählen Sie sich aus dem betreffenden Kapitel die Abschnitte aus, die Sie im Augenblick besonders betreffen. Führen Sie die dazugehörigen Übungen sehr sorgfältig aus. Gehen Sie erst zur nächstfolgenden Phase über, wenn Sie auch gefühlsmäßig hinter den Übungen stehen. Damit Sie besser einschätzen können, wo Sie im Augenblick stehen, werde ich Ihnen am Anfang der Kapitel häufig einen kurzen Fragebogen vorlegen. Üben Sie, mit sich geduldig zu sein - so wie Sie wahrscheinlich auch mit Ihrer besten Freundin in solch einer Krisensituation umgehen würden.

Das Tagebuch

Führen Sie für die Zeit Ihres Heilungsprozesses ein Tagebuch, dem Sie täglich oder wöchentlich Ihre Gedanken und Gefühle anvertrauen. Ihm können Sie alles offenbaren, Ihre Klagen wiederholen, ohne sich damit zu beschäftigen, was andere über Sie denken werden, wenn Sie dasselbe zum hundertsten Mal ausdrücken. Es steht Tag und Nacht für Sie zur Verfügung. Nutzen Sie dieses Tagebuch auch dafür, die Übungen, die ich Ihnen vorschlage, einzutragen.

Schriftliche Aufzeichnungen werden Ihnen helfen, sich über Ihre Gedanken und Gefühle bewußtzuwerden. Sie werden auch etwas Ordnung in Ihr Gefühlswirrwarr bringen. Später wird es Ihnen vielleicht auch Freude bereiten, Ihr persönliches Wachstum anhand Ihrer Aufzeichnungen noch einmal nachzuvollziehen. Sie werden dann deutlich erkennen, wie weit Sie sich von Ihrem momentanen Fühlen und Denken entfernt haben. Manche Menschen können später gar nicht mehr verstehen, „wie sie jemals so ... fühlen und denken konnten".

- 2 -
Die Macht unserer Gedanken

Ehe wir uns die vier Phasen der Trennungsbewältigung zusammen ausführlicher anschauen und uns an den Aufstieg zum Gipfel machen, möchte ich Ihnen erklären, wie Ihre Gefühle entstehen.

Gerade in einer Trennungssituation bekommen wir den Eindruck, der Partner habe uns in dieses tiefe Unglück gestürzt und uns all unseren Schmerz zugefügt. Wir fühlen uns dem Partner ausgeliefert und denken, nur wenn er zurückkommt, wieder glücklich sein zu können. Oder anders ausgedrückt, glauben wir, nie mehr froh sein zu können, wenn er nicht mehr zurückkommt.

Mit der Erwartung, der Partner mache uns glücklich bis an unser Lebensende, haben wir die Partnerschaft angetreten. Und jetzt stehen wir vor den Scherben der Partnerschaft. Der Partner ist gegangen und wir fühlen uns unglücklich. Ist das nicht logisch und natürlich? Müssen wir da nicht *für immer* traurig sein?

„Nein, wir müssen nicht für immer und ewig traurig sein - auch wenn wir jetzt in diesem Augenblick den Eindruck haben.", ist meine eindeutige Antwort darauf. Sie haben wahrscheinlich in Ihrem Bekanntenkreis auch schon erlebt, daß Menschen unterschiedlich schnell über einen Verlust hinwegkommen. Es gibt Menschen, die 20 Jahre nach dem Tod des Partners noch genausoviel Schmerz verspüren wie an dessen Todestag. Es gibt aber auch Menschen, die schon nach 4 Wochen ihren Schmerz so weit überwunden haben, daß sie sich gelegentlich wieder freuen können. Die Erklärung hierfür liegt nicht darin, daß der Partner verstorben ist. Sie liegt darin, wie stark der Zurückgebliebene ihn gebraucht hat und von ihm abhängig war. Nur dann, wenn dieser viele Erwartungen und die Einstellung hatte, ihn zu seinem Glück zu brauchen, kommt es zu einer sehr heftigen langandauernden Trauerreaktion oder einem Trennungsschock.

Unsere Gefühle entstehen immer als Folge unserer Gedanken, Wünsche oder Erwartungen. Daß wir überhaupt fühlen, ist unvermeidbar, solange wir leben. Menschen ohne Gefühle sind tot. Über die Art und das Ausmaß unserer Gefühle können wir jedoch bestimmen - und zwar bestimmt jeder einzelne von uns selbst über die Art und die Intensität seiner Gefühle. Ihr Partner kann Ihnen „keine Gefühle machen", die Sie nicht wollen. Er kann in Ihnen nur die Gefühle auslösen, die Sie zulassen. Einzige Ausnahme davon sind körperliche Gefühle wie z. B. Schmerzen durch Schläge.

Ich weiß, daß Sie beim Lesen dieser Zeilen voller Unglauben oder gar Abwehr sind. Die Entscheidung darüber zu haben, wie man sich fühlt, - diese Aussage klingt zunächst vollkommen falsch und absurd. Sie glauben, gerade jetzt durch die Trennung am eigenen Körper erfahren zu haben, daß der andere Ihnen Schmerz zufügen kann. Sie erleben ja jetzt im Augenblick gerade, wie eine simple Entscheidung des Partners, sich von Ihnen zu trennen, Ihr gesamtes Seelenleben aus dem Gleichgewicht bringt. Aber es ist eine unerschütterliche Tatsache: Sie haben die Entscheidung darüber, wie Sie sich in Zukunft - ich betone: in Zukunft - fühlen wollen, auch wenn Ihr Partner niemals mehr zu Ihnen zurückkehrt.

Kehren wir nochmals zu dem Verlust eines geliebten Menschen durch den Tod zurück. Der verstorbene Mensch wird immer verstorben bleiben, aber das Ausmaß des Schmerzes kann sich verändern. Unmittelbar nach dem Verlust ist meist nicht vorstellbar, ohne den geliebten Menschen weiterzuleben. Aber mit der Zeit kann man sich mit dem Verlust abfinden, oder wie man sagt, „man kommt darüber hinweg".

Das Darüber-Hinwegkommen ist nur möglich durch eine Veränderung der Gedanken. Die Zurückgebliebenen gewöhnen sich an den Gedanken, daß dieser Mensch tot ist. Sie beginnen, ihr Leben ohne ihn zu gestalten. Die Lücke, die dieser Mensch hinterläßt, wird immer bleiben, aber wie sie die Lücke bewerten, wird sich verändern. Die Zurückgebliebenen können bestimmen, ob sie in Zukunft immer auf die Lücke schauen wollen oder darauf, was es sonst noch an Möglichkeiten in ihrem Leben gibt.

Wir können das Abfinden mit einem Verlust bewußt beeinflussen und beschleunigen. Ihnen dabei zu helfen, sehe ich als meine Aufgabe in diesem Buch.

Warum Sie sich jetzt so fühlen müssen, wie Sie sich fühlen

Sie haben Ihre Partnerschaft wahrscheinlich begonnen mit dem Wunsch nach immerwährender Liebe, Wärme, Geborgenheit und Verständnis. Zu Beginn und während Ihrer Partnerschaft wurden Ihnen diese Wünsche mehr oder weniger erfüllt. Ihr Partner schenkte Ihnen seine Zuwendung und sein Interesse. Sie entwickelten Gewohnheiten, gemeinsam zu essen, zu kuscheln, zu diskutieren, fernzusehen, zu streiten, ins Kino zu gehen, zu verreisen, usw. Daneben hatten Sie Pläne, was sie in der Zukunft alles zusammen unternehmen wollten. Sie wollten von Ihrer Seite aus die Partnerschaft beibehalten, weil Ihr Partner Ihre Bedürfnisse in ausreichendem Maße befriedigte. Vielleicht hofften Sie auch nur, er werde sich ändern und sie irgendwann befriedigen. Vielleicht erschien Ihnen die Situation in der Partnerschaft zwar nicht optimal, aber immerhin noch besser, als allein zu sein. Alles in allem gaben Sie dem Partner die Macht, Sie glücklich zu machen.

Jetzt hat Ihr Partner beschlossen, sich zu trennen. Ihr Partner erfüllt Ihnen Ihre Bedürfnisse nicht mehr. Der Abschied von Ihren Zukunftsplänen und Hoffnungen kommt auf Sie zu. In all Ihren Vorstellungen vom Alltag und von der Zukunft klafft eine Lücke, die Sie so schnell nicht füllen können. Es gibt hunderte von Gewohnheiten, die Sie verändern müssen - angefangen davon, alleine ins Bett zu gehen, bis dazu, sich handwerklich im Haushalt zu betätigen. Im Augenblick wird Ihnen in den Situationen, die Sie mit dem Partner teilten, als erstes einfallen, daß der Partner das ... und das ... nie mehr mit Ihnen zusammen tun wird, und Sie werden sich traurig fühlen.

Akzeptieren Sie Ihre schmerzhaften Gefühle für den Augenblick, denn sie sind das Ergebnis all Ihrer Erwartungen, Wünsche und gemeinsamen Erfahrungen aus der Vergangenheit. Sie können sie jetzt nicht einfach abstellen oder vermeiden. Im Augenblick sind sie da. Für die Zukunft können Sie Ihre Gedanken und Gefühle verändern. Sie brauchen und werden sich nicht für alle Ewigkeit so mies fühlen wie jetzt. Ihre Gefühle zeigen Ihnen, daß Ihr Leben im Augenblick nicht so verläuft, wie Sie es möchten. Sie sind Ihr Helfer darin, die Zukunft, das Morgen anders zu gestalten.

Nachdem Sie in einem ersten Schritt lernen müssen, Ihre Gefühle zu akzeptieren, müssen Sie in einem zweiten Schritt Ihre Gedanken und Vorstellungen durch neue ersetzen. Dabei ist es wichtig zu wissen, was in unserem Innern abläuft, wenn wir alte eingefahrene Gedanken durch neue ersetzen.

Der Prozeß des Umlernens

Wann immer Sie in Ihrem Leben bewußt eine Gewohnheit verändern, werden Sie die 5 Stufen des Umlernens durchlaufen müssen. Diese Stufen des Umlernens sind gewissermaßen Stolpersteine, denen Sie auf dem Weg zum Gipfel begegnen werden. Wenn Sie wissen, an welcher Stelle Sie liegen, werden Sie nicht davon überrascht sein und dadurch nicht zu Fall kommen. Die langsame Loslösung vom Partner geschieht, wie wir oben gesehen haben, über ein geistiges Abschiednehmen vom Partner. Die alten Gedanken laufen darauf hinaus, Ihren Alltag mit dem Partner zu planen. Da der Partner sich getrennt hat, müssen Sie diese Gedanken korrigieren und sich in Erinnerung rufen, daß er gegangen ist. Sie verändern Ihre Gedanken, indem Sie sich beispielsweise sagen, daß Sie bereit sind, zu akzeptieren, daß die Partnerschaft zuende ist. Dennoch werden Sie sich aber genauso verzweifelt fühlen wie zuvor. Gefühlsmäßig können Sie Ihre neuen Gedanken noch nicht akzeptieren. Sie haben den Eindruck: „Ich belüge mich.", „Ich mache mir etwas vor.", „Das ist künstlich.", „Das ist unecht.". Ihr Gefühl steht im Widerspruch zu Ihren Gedanken. Sie fühlen sich so, als ob es nicht stimmt, was Sie sich sagen. Sie können sich nicht „glauben". Sie befinden sich im Prozeß des Umlernens. Um den Widerspruch zwischen Ihrem Denken und Fühlen besser zu verstehen, möchte ich im folgenden anhand eines Beispiels den Prozeß des Umlernens erklären.

Ein Beispiel aus dem Alltag

Angenommen, Sie haben Ihren Kaffee bisher immer mit Zucker getrunken und wollen ihn ab heute schwarz trinken. Was wird wohl passieren, wenn Sie sich die erste Tasse Kaffee nach diesem Entschluß einschenken? Fast automatisch greifen Sie zum Zucker, und Sie müssen sich bewußt dazu entscheiden, keinen zu nehmen. Wenn Sie den ersten Schluck Kaffee trinken, wird Ihr Körper Ihnen sagen: „Mit dem Kaffee stimmt etwas nicht. Der schmeckt nicht ohne Zucker". Obwohl viele Menschen Kaffee lieber ohne als mit Zucker trinken, gibt Ihnen Ihr Körper das Signal, daß der Kaffee nur ´mit´ schmeckt. Ihr Körper wurde nicht mit der Eigenschaft geboren, nur Kaffee mit Zucker zu mögen, sondern Sie haben es ihm angewöhnt. Sie können es ihm auch wieder abgewöhnen, aber Sie brauchen dazu den festen Willen und Zeit. Sie müssen ihm jedesmal, wenn Sie Kaffee trinken, zu verstehen geben, daß er den Kaffee nicht „mit" bekommt, indem Sie keinen Zucker nehmen. Sie müssen also gegen Ihr Gefühl handeln. Sie haben dabei den Eindruck, Ihren Körper zu betrügen, ihm etwas, was ihm zusteht und was er wirklich braucht, vorzuenthalten. Und Sie müssen ertragen, daß der Kaffee zunächst nicht besonders gut schmeckt.- Mit zunehmender Übung wird ein Wunder geschehen. Ihr Körper wird Kaffee „ohne" mögen und den „mit" für „zu süß" halten.

Zugegeben, zwischen der Trauer, Kaffee ohne Zucker trinken zu müssen, und der Verzweiflung, ohne Partner leben zu müssen, ist ein himmelweiter Unterschied. Doch wir haben nur ein Gehirn und einen Körper, die bei jeglicher Veränderung gleichermaßen reagieren.

Jede Veränderung einer Gewohnheit, d.h. jedes Umlernen verläuft in 5 Stufen:

1. Stufe: Theoretische Einsicht
Sie entscheiden sich, eine Gewohnheit zu verändern, und bereiten sich geistig darauf vor. Sie wissen rein theoretisch, wie Sie anders denken müssen, um sich anders fühlen und verhalten zu können.

2. Stufe: Übung
Sie denken anders und verändern Ihr Verhalten. Sie üben.

3. Stufe: Widerspruch zwischen Kopf und Bauch
Sie fühlen sich merkwürdig. Ihr Denken und Ihr Fühlen widersprechen sich. Sie ignorieren Ihr altes Gefühl, weil es lediglich auf die alte Gewohnheit hinweist.

4. Stufe: Übereinstimmung zwischen Kopf und Bauch
Ihr Denken, Fühlen und Verhalten stimmen überein, aber Sie müssen noch bewußt Ihre neuen Gedanken denken.

5. Stufe: Neue Gewohnheit
Sie haben eine neue Gewohnheit entwickelt. Denken, Fühlen und Verhalten laufen automatisch ab.

Eine Vielzahl unserer täglichen Verhaltensweisen besteht aus Gewohnheiten. Gewohnheiten erleichtern uns den Alltag, sparen Energie und ermöglichen uns, mehrere Aktivitäten gleichzeitig auszuführen, ohne uns zu gefährden. Gewohnheiten entstehen immer dann, wenn Sie mehrmals in ein und derselben Weise denken und handeln. Unter Gewohnheit verstehe ich, daß Sie sich automatisch verhalten, ohne bewußt etwas zu denken. Sie haben Gewohnheiten, wie Sie laufen, sitzen, essen, schreiben, lachen, jemanden begrüßen, verabschieden, usw. All diesen Gewohnheiten ist gemeinsam, daß Sie Signale von Ihrem Körper bekommen, d.h. sich unwohl und angespannt fühlen, wenn Sie diesen Gewohnheiten zuwiderhandeln. Sie haben dann den Eindruck, daß etwas nicht stimmt. Die 3. Stufe, der vorübergehende Widerspruch zwischen Kopf und Bauch bleibt niemandem erspart, der eine Gewohnheit verändern will - gleichgültig, ob er sich freiwillig entscheidet, eine Gewohnheit zu verändern, oder sich - wie Sie jetzt - gezwungenermaßen umstellen muß. Der Körper bringt dabei lediglich zum Ausdruck, was Sie ihm vor langer Zeit antrainiert und angewöhnt haben. Ihr Körper braucht länger als Ihr Geist, sich auf neue Situationen einzustellen. Ihre Gedanken sind der Steuermann Ihres Körpers. Ihr Körper ist nur der Maschinist, der die Befehle des Steuermanns ausführt. Ihr Körper kann nicht alleine entscheiden, was richtig oder falsch ist.

Am folgenden Text können Sie sogleich erproben, was es mit den Stolpersteinen des Umlernens für Sie konkret auf sich hat. Sie werden beim Lesen des Textes den Eindruck haben, sich „gnadenlos" zu belügen und sich etwas vorzumachen. Da Sie nun wissen, daß beim Umlernen der Körper und die Gefühle zunächst immer „rebellieren", möchte ich Sie bitten, den Text täglich solange zu lesen, bis der Körper Ihnen das Signal gibt, „zu glauben", was Sie lesen. Der Text kann Ihnen dabei helfen, Ihre Gedanken schneller von der Vergangenheit zu lösen.

Lesen Sie den Text bitte täglich laut vor oder sprechen Sie ihn sich auf ein Tonband. Für viele Menschen ist es einfacher, sich ein Band anzuhören, als sich den Text durchzulesen.

„Ich bin ich. Ich bin einzigartig in allem, was ich fühle und erlebe. Mein Partner hat mich verlassen. Deshalb fühle ich mich traurig, voller Schmerz und sehr einsam. Ich fühle mich manchmal als der unglücklichste und ärmste Mensch auf der Welt. Das ist menschlich und normal. Wann immer ich jemanden, der mir wichtig ist, verliere, werde ich Schmerz fühlen. Meine Tränen sind Ausdruck meines Schmerzes. Wann immer sie kommen, werde ich sie als Zeichen der Trauer annehmen. Sie gehören zu mir und zeigen mir, daß ich um einen wichtigen Menschen trauere. Zu mir gehören auch Gefühle der Schuld, Angst, Einsamkeit und Wut. Ein manches Mal werde ich über Kleinigkeiten wütend werden. Auch das werde ich als Zeichen auf dem Weg durch die Trauer annehmen. Ein manches Mal behandle ich meine Freunde ungerecht, obwohl ich sie im Augenblick doch so sehr benötige. Auch mein Körper zeigt mir, daß ich aus dem Gleichgewicht geraten bin.

Ich werde Zeit brauchen, meine Trauer zu durchleben, Abschied zu nehmen und mich auf die neue Situation einzustellen. Wann immer ich ungeduldig mit mir werde, immer noch traurig zu sein, werde ich mich daran erinnern, daß die Trauer Zeit und Arbeit benötigt. Ich werde tun, was notwendig ist, um meinen Weg bis zur Loslösung zu finden. Ich kann die Trauer ertragen und brauche mich nicht vor ihr zu fürchten, sie vermeiden oder mit Tabletten oder Alkohol zu überdecken.

Verluste und Abschiednehmen sind Bestandteile des Lebens. Sie sind kein Ausdruck von Bestrafung, sondern lediglich Ausdruck des Lebens auf dieser Welt. Solange ich lebe, werde ich von Zeit zu Zeit kleine und große Verluste erleben. Einige werde ich schnell vergessen, andere werden mein gesamtes Leben beeinflussen. Ich kann wählen, den Verlust anzunehmen oder mit dem Schicksal zu hadern. Ich entscheide mich dafür, ihn anzunehmen, denn Hadern und Haß sind keine angenehmen Gefühle.

Ich kann es schaffen, meine Trauer zu durchleben und am Ende des Weges stehen wieder erwachende Lebensfreude und die Entdeckung neuer Chancen. Meine Gefühle der Trauer, der Wut und der Hilflosigkeit werden vorübergehen. Sie haben jetzt einen Sinn und werden irgendwann ihren Sinn verlieren. Sie stehen für das Abschiednehmen und das Signal zur Suche nach einem neuen Lebenssinn. Ich werde wieder lachen und fröhlich sein können. Ich werde wieder Selbstvertrauen und neue Fähigkeiten gewinnen. Ich werde das Leben bewußter wahrnehmen und mehr schätzen können. Ich werde mich und andere Menschen besser verstehen können. Ich werde mehr auf mich und meine Fähigkeiten vertrauen können, denn ich selbst schaffe es, meine Trennung zu bewältigen.

Ich entscheide mich, jeden Tag bewußt zu leben. Ich entscheide mich dafür, meine Gefühle anzunehmen und auf unschädliche Art und Weise auszudrücken, wann immer ich sie empfinde. Ich entscheide mich dafür, an einer neuen Lebensperspektive zu arbeiten. Ich möchte mich täglich um mein körperliches und seelisches Wohlbefinden kümmern, auch wenn ich mich nicht danach fühle. Ich trage die Verantwortung für mich, ich bin es wert, für mich zu sorgen."

- 3 -
Phase I: Nicht-Wahrhaben-Wollen

du schreist:
bleib weg von hier
ich zittere
will bleiben
will weggehen
hast du keine angst
ich könnte mich zu tode stürzen
in der leere
des freiraums

Frau Anja S., 45 Jahre alt, entschied sich zu einer Therapie, da sie unter starken Depressionen, Appetitverlust und Schlafstörungen litt. Sie hatte schon zweimal versucht, sich das Leben zu nehmen. Jetzt wußte sie nicht mehr, wie es weitergehen sollte. Sie nahm täglich 20 Beruhigungstabletten und konnte ohne Schlaftabletten nicht zur Ruhe kommen. Frau A. war 29 Jahre verheiratet gewesen und hatte zwei erwachsene Kinder. Sie schilderte, daß sie und ihr Mann seit 10 Jahren nur noch nebeneinander hergelebt hätten. An ihr alleine hätte die Erziehung der Kinder und der Haushalt gehangen. Ihr Mann und sie hätten keinerlei Sex mehr gehabt. Ihr Mann sei auch nie mit ihr ausgegangen. Vor einem Jahr sei ihr Mann schließlich aus der gemeinsamen Wohnung ausgezogen. Er schaue ab und zu noch bei ihr und den Kindern vorbei, gehe und komme aber, wann er wolle. Sie verhalte sich dann so, als ob alles in Ordnung sei. Sie mache ihm keine Vorwürfe, weil er sonst überhaupt nicht mehr kommen würde. Jederzeit wäre sie bereit, wieder mit ihm zusammenzuleben. Sie habe in der Wohnung alles so belassen, daß er sofort wieder einziehen könne. Aber jetzt könne sie diesen Zustand des Wartens nicht mehr ertragen. Sie sei mit ihren Nerven am Ende.

Frau S. befand sich in der Phase I, als sie zu mir kam. Sie lebte seit einem Jahr in der Hoffnung auf eine Versöhnung.

Wenn Sie mehrere der folgenden Fragen mit „ja" beantworten können, dann befinden Sie sich ebenfalls in der Phase I der Trennungserfahrung.

Warten Sie den ganzen Tag darauf, daß Ihr Partner Sie anruft?	ja/nein
Beschäftigen Sie sich täglich damit, an die schönen gemeinsamen Erlebnisse in der Vergangenheit zu denken?	ja/nein
Suchen Sie nach Entschuldigungen, um den Partner anrufen oder treffen zu können?	ja/nein
Glauben Sie häufig, Ihren Partner oder sein Auto zu sehen, oder seine Stimme zu hören - und hinterher stellt es sich als Irrtum heraus?	ja/nein
Schreiben Sie Ihrem Partner Briefe, um Ihre Liebe zu ihm zu beweisen?	ja/nein
Bemühen Sie sich darum, besonders attraktiv auszusehen, um ihn umzustimmen?	ja/nein
Haben Sie die Lieblingsgetränke und Gerichte zuhause, falls er zurückkommt?	ja/nein
Lassen Sie die Wohnung unverändert für den Fall seiner Rückkehr?	ja/nein
Warten Sie auf Post von Ihrem Partner?	ja/nein
Versuchen Sie, Ihren Partner zu verführen, um ihn zurückzugewinnen?	ja/nein
Sagen Sie sich immer wieder: "Das darf nicht wahr sein. Er wird wiederkommen."?	ja/nein
Bitten Sie den Partner, es nochmals zu versuchen?	ja/nein
Verschweigen Sie anderen gegenüber die Trennung ?	ja/nein

Machen Sie den Partner eifersüchtig, um ihn zurückzugewinnen? ja/nein

Versuchen Sie den Partner durch Schuldgefühle zur Rückkehr zu bewegen? ja/nein

Jeder, der heiratet oder sich zu einer festen Lebensgemeinschaft entschließt, tut das in dem Gedanken „bis an das Lebensende". Scheidung oder Trennung werden als Ereignisse angesehen, die nur anderen passieren: „Mir und meinem Partner passiert das nicht!".

Entscheidet sich unser Partner zur Trennung, sind wir wie vor den Kopf gestoßen. Wir wollen es nicht glauben und wahrhaben. Unser ganzes Märchenschloß bricht zusammen. Vielleicht haben wir gemerkt, daß es in den letzten Monaten oder Jahren nicht mehr so gut geklappt hat, aber an Trennung haben wir nicht gedacht. Vielleicht hat unser Partner öfter mal angedeutet: „Dann trennen wir uns eben.", aber wir haben es nicht ernst genommen.

Jetzt ist es passiert und wir kämpfen gegen diese Tatsache an. „Das darf einfach nicht wahr sein!" „Ich möchte noch eine Chance." „Ich will alles anders machen." „Bestimmt kommt er wieder zurück.", sind Gedanken, die uns bewegen. Wir wünschen uns, alles sei nur ein böser Traum, aus dem wir nur zu erwachen brauchen, und dann finden wir alles beim alten vor. In dieser Geschwindigkeit können wir nicht all unsere Erinnerungen und Zukunftspläne, die den Partner miteinbeziehen, fallenlassen und vergessen.

In dieser Geschwindigkeit können wir uns weder einen Ersatz für das suchen, was der Partner uns gegeben hat, noch selbständig ohne Partner werden. Wir fühlen uns, als ob wir plötzlich in eine Grube fallen, und wünschen, unser Partner solle uns die Hand reichen und wieder herausziehen. Wir fühlen uns wie gelähmt, können nicht mehr klar denken, so als ob wir schon gestorben seien. Manche von uns brechen bei der Nachricht der Trennung in einen Weinkrampf aus, andere gehen zur Tagesordnung über, als ob nichts geschehen wäre. Sie laufen wie in einem dichten Nebel umher.

Die einzige Rettung, die wir haben, um diese „Katastrophe" ertragen zu können, ist, sie zunächst zu verneinen.

Verleugnung ist eine normale menschliche Reaktion auf eine Krise, die plötzlich kommt und zu überwältigend ist, um sich ihr zu stellen. Verleugnung schafft Zeit, um Kräfte zu sammeln. Während dieser Zeit ziehen wir uns in die Phantasien zurück, in denen der Verlust noch nicht eingetreten ist oder wieder ersetzt ist.

„Dies wird mir nicht passieren. Wenn ich nur ein bißchen warte, wird alles wieder gut werden und mein Partner zurückkommen.", sind Gedanken, die uns durch den Kopf gehen. Solange wir auf eine Versöhnung hoffen, verspüren wir keine Trauer und weniger Wut. Ja, wir dürfen keine Wut zulassen, denn Wut würde unseren Partner noch weiter von uns wegtreiben. Solange wir hoffen, brauchen wir nicht von unseren Wünschen Abschied nehmen und uns keine neue Lebensperspektive aufbauen. Wir können in unserem Zustand verharren.

Wir bitten unseren Partner, es doch noch einmal zu probieren. Wir beteuern unsere Liebe zu ihm, und daß wir dachten, eine gute Partnerschaft zu haben. Wir betteln um Bedenkzeit. Unser Partner begründet seine Trennung damit, daß er es nicht mehr aushält in der Partnerschaft. Er würde uns zwar noch mögen, aber nicht mehr lieben. Er hat den Wunsch, nur noch eine gute Freundschaft mit uns zu haben. Er bittet um Zeit, sich über sich selbst klarzuwerden. Er fühlt sich schuldig an unserem Schmerz. Wir wollen an der Partnerschaft arbeiten, der Partner an sich und seiner eigenen Entwicklung.

Bisweilen sind wir im Innern ärgerlich auf unseren Partner, drücken den Ärger jedoch nicht aus, aus Furcht, ihn zu verlieren. Wir sind besonders freundlich zu unserem Partner.

Wir quälen uns in dieser Phase mit der Frage „warum nur?". Wir haben nicht gemerkt, daß unser Partner sich im stillen schon lange schrittweise aus der Partnerschaft zurückgezogen hat. Wir haben den Ernst der Situation nicht erkannt. Jetzt fühlen wir uns als Versager und seelisch vernichtet. Wir möchten niemandem von der Trennung erzählen aus Scham und aus Furcht vor der Reaktion der Freunde.

Wenn Sie sich in dieser Phase befinden, dann ist der 1. Schritt zur Heilung, die Trennung als gegeben anzunehmen. Erst dann können Sie die Gründe für das Scheitern der Partnerschaft analysieren. Erst dann können Sie Schmerz und Wut erleben, die zur Verarbeitung einer Trennung dazugehören. Erst dann können Sie wieder genesen.

Ich weiß, daß es schmerzhaft ist, zuzugeben, daß die Partnerschaft zu Ende ist. Aber dieser Schmerz ist notwendig, um diese Krise als Chance für Ihr inneres Wachstum anzusehen. Trennung und Tod sind die Ereignisse im Leben eines Menschen, bei denen er am meisten seelischen Schmerz verspürt.

Nehmen Sie den Schmerz an, anstatt ihn zu verleugnen. Sie können ihn als Anlaß nehmen, um in Zukunft unglücklich und haßerfüllt zu leben. Sie können ihn aber auch als Chance sehen, um mehr über sich zu erfahren und innerlich stärker zu werden.

Wie wollen Sie sich entscheiden?

Wenn Sie sich in der Hoffnung wiegen, wieder zum Partner zurückkehren zu können, werden Sie niemals zu Phase IV gelangen. Sie werden Ihre Abhängigkeit zum Partner beibehalten. Sie werden ihn „brauchen", um glücklich zu sein. Dann werden Sie auf den Partner warten müssen. Sie riskieren, vergebens auf ihn zu warten.

Vielleicht gibt es wirklich noch eine Chance, wieder mit Ihrem Partner zusammenzukommen. Dieser Weg führt jedoch sicher nicht darüber, daß Sie einfach „wieder gut sind" und wieder zusammenziehen oder weiter zusammenleben. Wenn ein Partner sich zur Trennung entscheidet, dann ist das ein deutliches Anzeichen, daß die Partnerschaft in ihrer bisherigen Form nicht mehr funktioniert. Um wieder zusammenkommen zu können, benötigen Sie erstens seine Bereitschaft und zweitens Zeit und viele, viele Gespräche, um eine neue Basis für eine beiderseitige Zufriedenheit zu schaffen. Es ist besser, wenn Sie sich erst zu Phase IV vorarbeiten, bevor Sie wieder an ein Zusammengehen denken.

Die Angst vor dem Schmerz und der Auseinandersetzung mit dem Alleinsein ist keine gute Basis für eine erfolgreiche Partnerschaft. Möglicherweise verfallen Sie sonst in den Fehler, dem anderen zuliebe alles zu tun, um ja keine Trennung mehr zu erleben. Setzen Sie sich zum Ziel, sich erst alleine glücklich zu fühlen, bevor Sie sich wieder binden. Beschäftigen Sie sich erst damit, was Sie sich von einer Partnerschaft wünschen, bevor Sie darüber reden, ob Ihre Vorstellungen zu denen des Partners passen.

Wenn Sie den Heilungsprozeß beginnen möchten, dürfen Sie sich keine Hoffnung auf die Rückkehr des Partners machen.

Ihre Gedanken bestimmen Ihre Gefühle. Wenn Sie sich gedanklich mit der Rückkehr befassen, bekommen Sie Sehnsucht nach Ihrem Partner. Wenn Ihr Partner nicht zurückkommt, erleben Sie immer wieder aufs neue Schmerz und Enttäuschung. Es ist hart, den seelischen Schmerz zu ertragen, daß die Beziehung zu Ende ist. Aber es ist noch härter, sich immer wieder Sehnsucht nach Ihrem Partner zu machen, und dann die Enttäuschung zu erleben, daß er nicht zurückkommt.

Sie können die Liebe des Partners nicht zurückgewinnen, wenn dieser es nicht möchte, aber Sie können lernen, ohne ihn zufrieden zu leben.

Wie können Sie die Phase der Verleugnung überwinden?

1. Stellen Sie sich in Ihrer Wohnung vor einen Spiegel. Schauen Sie sich in die Augen und sagen Sie sich laut: „Ich bin bereit zu akzeptieren, daß die Partnerschaft zu Ende ist."

Ich weiß, wie Ihnen zumute ist. Das ist keine leichte Übung. Sie werden in Ihrem Innern tausend Widerstände verspüren. Sie kommen sich vor, als ob Sie sich belügen. Sie haben den Eindruck, daß Sie die Trennung nie und nimmer akzeptieren können. Dies ist der Stolperstein des Umlernens (siehe Kapitel 2).

Vielleicht spüren Sie bei diesem Satz auch Traurigkeit und Tränen. Lassen Sie die Tränen ruhig laufen, aber wiederholen Sie diesen Satz 300 Mal am Tag - mit und ohne Spiegel. Wiederholen Sie den Satz einfach wie einen Reim, den Sie vor sich herbeten, ohne ihn zu glauben. Sie werden ihn anfangs auf keinen Fall gefühlsmäßig bejahen können. Mit der Zeit werden Sie das Ende der Partnerschaft dann auch gefühlsmäßig akzeptieren können. Gefühle sind nur die Folge von Gedanken. Ihre Gedanken im Augenblick bestimmen, was Sie in Zukunft fühlen werden. Setzen Sie sich zum Ziel, das Leugnen aufzugeben und das Ende der Partnerschaft zu akzeptieren.

2. Teilen Sie Ihren Freunden, Bekannten, Eltern und Arbeitskollegen mit, daß Sie und Ihr Partner sich getrennt haben. Achten Sie darauf, daß Sie bei den Freunden nicht nach einer Bestätigung suchen, daß er doch wieder zurückkommen wird.

3. Vermeiden Sie es, Kontakt mit dem Partner aufzunehmen, um ihn zurückzugewinnen. Weder Wäschewaschen noch die Krankheit des Partners sind ein zwingender Grund, ihn zu sehen. Falls Sie sich dennoch entscheiden, ihn zu treffen, vermeiden Sie es, nach Anzeichen für

die noch existierende Liebe zu schauen. Ist Ihr Partner besonders nett zu Ihnen (sei es aus Mitleid oder aufgrund von Schuldgefühlen), bekommt Ihre Hoffnung auf Versöhnung neue Nahrung. Ist Ihr Partner hart und abweisend, fühlen Sie sich verletzt. Zur Loslösung von Ihrem Partner ist es hilfreich, wenn Ihr Partner Ihnen sehr konsequent und deutlich immer wieder verbal und nonverbal mitteilt, daß die Partnerschaft zu Ende ist - auch wenn es weh tut. Ob Ihr Partner das kann, hängt davon ab, wie stark seine Schuldgefühle Ihnen gegenüber sind.

4. Lesen Sie die folgenden Fragen zunächst einmal durch. Sie sollen Ihnen helfen, Ihren Blick darauf zu lenken, wie die Partnerschaft *tatsächlich* war.

Was war in unserer Partnerschaft in der letzten Zeit verwirklicht?

Hatten wir Vertrauen zueinander?
War ich bereit, den Partner so zu akzeptieren, wie er war?
Habe ich mich von meinem Partner akzeptiert gefühlt?
Hatten wir gemeinsame Interessen, Hobbies und Lebenseinstellungen?
Konnten wir über Konflikte und unterschiedliche Meinungen reden?
Konnte ich mich persönlich entfalten?
Hatten wir gemeinsame Freunde?
Einigten wir uns bei unterschiedlichen Ansichten auf Kompromisse?
Konnte ich mich auf den Partner verlassen?
Erlaubten wir uns gegenseitig Zeit, für uns alleine zu sein?
Wenn wir ärgerlich aufeinander waren, sprachen wir darüber, versteckten wir den Ärger oder versuchten wir, uns gegenseitig zu verletzen?
Fühlte ich mich den überwiegenden Teil der Zeit in der Partnerschaft wohl?

Nehmen Sie nun Ihr Tagebuch zur Hand und lassen Sie Ihre Partnerschaft noch einmal anhand dieser Fragen an sich vorüberziehen. Vielleicht können Sie dabei erkennen, wie sehr die Partnerschaft doch schon gestört war. Die meisten Menschen neigen nämlich dazu, die

Partnerschaft zu diesem Zeitpunkt zu idealisieren und sich dadurch den Abschied noch schwerer zu machen. Je stärker man etwas als positiv und einzigartig ansieht, desto schwerer fällt es, es aufzugeben.

Vielleicht ertappen Sie sich auch dabei, alles doch nicht als negativ sehen zu wollen. „Wir hatten zwar wenig gemeinsame Zeit, aber ...". Das ist die Stimme, die verleugnen und nicht wahrhaben will. Wenn Sie Traurigkeit oder auch Wut verspüren, dann haben Sie schon einen Schritt in die nächste Phase gewagt.

5. Sie können Ihren Fortschritt überprüfen, indem Sie sich die Fragen am Anfang des Kapitels nochmals vornehmen. Je mehr Fragen Sie mit „nein" oder „seltener" beantworten können, desto mehr haben Sie schon gelernt, die Trennung anzunehmen.

- 4 -
Phase II: Aufbrechende Gefühle

mein leben
ist auseinandergefallen
wie ein sorgfältig aufgeschichteter holzstoß

gefühle
in eine form gepreßt
liegen alle kreuz und quer

Wenn wir unsere Gefühle nicht unterdrücken oder durch Alkohol, Medikamente und Essen betäuben, dann kommen wir beim Bewußtwerden der Trennung mit unseren negativen Gefühlen in Berührung. Nur Menschen, die sich bereits in der noch bestehenden Partnerschaft innerlich vom Partner losgelöst haben, können nach der Trennung relativ ruhig bleiben.

Die meisten Menschen verspüren nach der Trennung Angst, Wut, Haß, Depressionen, Minderwertigkeits-, Einsamkeits- und Schuldgefühle sowie eine Vielzahl körperlicher Reaktionen.

Im folgenden möchte ich auf die einzelnen Gefühlsreaktionen ausführlicher eingehen. Suchen Sie sich diejenigen Abschnitte über die Gefühle heraus, die Sie gerade am stärksten verspüren. Ich werde Ihnen dabei helfen, Ihre Gefühle zu verstehen und besser mit ihnen umzugehen. Jedes Gefühl, das Sie verspüren, hat seine Berechtigung und eine Botschaft für Sie.

Die Wurzel der einzelnen Gefühle liegt in Ihren mehr oder weniger bewußten Einstellungen. Lassen Sie sich nicht von Ihren Gefühlen erschrecken. Häufige Gefühlsschwankungen sind in dieser Phase II völlig normal. Sie zeigen den Fortschritt von Phase I zu Phase II an. Diese Gefühle machen Sie darauf aufmerksam, daß sich etwas Grundsätzliches in Ihrem Leben verändert hat - Ihr Partner hat sich von Ihnen getrennt und Sie lassen diese Tatsache innerlich zu.

Es wird Augenblicke geben, in denen Sie glauben, alles im Griff zu haben, und Augenblicke, in denen Sie scheinbar die Kontrolle über sich und Ihre Gefühle verlieren. Alles scheint in Ihnen „verrückt" zu spielen. Sie sehen sich vielleicht schon im „Irrenhaus". Sie haben „das Gefühl, allem und jedem ausgeliefert zu sein". Sie fühlen sich gereizt, verwundbar und hilflos umhertreibend wie ein Schiff ohne Ruder.

Die Phase II ist die schwierigste Etappe auf Ihrem Weg zum Gipfel. Nachdem Sie nun die Hoffnung auf Versöhnung aufgegeben haben, treffen Sie die schmerzlichen Gefühle mit voller Wucht. Viele Menschen bleiben auf dieser Strecke hängen. Sie werden chronisch depressiv oder zum „Menschenhasser". Haben Sie den Mut, weiterzuklettern.

Sie können es schaffen, diese Etappe durchzustehen, wenn Sie die folgenden Kapitel sorgfältig lesen und bearbeiten. Wir werden mit den Gefühlen von Schmerz und Verzweiflung beginnen, weil die meisten Menschen diese bei einer Trennung zunächst am stärksten verspüren. Im Verlauf der zweiten Phase werden aber auch Wut- und Haßgefühle aufkommen - wenngleich Sie das im Augenblick vielleicht noch für absolut ausgeschlossen halten.

Vielleicht gleiten Sie auf Ihrem Weg auch noch ein paar Mal zurück in die Phase I, wenn beispielsweise Ihr Partner Sie an Ihrem Geburtstag anruft oder Ihnen über Freunde einen Gruß ausrichten läßt. Dann wird ein kleines Fünkchen Hoffnung zu keimen beginnen - denn Sie sind noch nicht so weit auf Abstand, um dagegen immun zu sein. Ihre Gedanken können sich noch einfacher auf die alten Wünsche und Pläne konzentrieren, als auf neue Ziele richten. Sie werden wieder in die zweite Phase aufsteigen, wenn es bei dem Gruß oder der Freundlichkeit bleibt, wenn Sie gar einen Brief vom Anwalt ins Haus geflattert bekommen oder ihn mit einem neuen Partner sehen.

Halten Sie sich vor Augen: Ihr Partner will nur Freundschaft und keine Schuldgefühle haben. Er will nicht mehr zu Ihnen zurück.

Verzweiflung

„Es ist alles aus. Nie mehr werde ich glücklich sein."

blick aus meinem fenster
zerbrochener mond
im müden blau des frühen abends
wünsche ziehen vorüber
tränen fallen auf den boden
zubetoniert
mich erschlägt die erinnerung an dich

Frau Ruth M., 35 Jahre alt, kam wegen schwerer Depressionen und Selbstmordgedanken in Therapie. Zudem litt sie unter Appetitverlust und Durchfall. Sie hatte sich in den letzten Jahren mehrmals in solch einer Verfassung befunden, und zwar jedesmal dann, wenn eine Beziehung in die Brüche gegangen war. Die letzte Beziehung hatte Ihr Freund nach 6 Jahren beendet. Sie lebte nun schon ein Jahr alleine ohne Partner und hatte den Eindruck, ihr Leben sei völlig sinnlos geworden. Sie fühlte eine innere Leere und hatte den Eindruck, nie mehr glücklich werden zu können. Zum Weggehen und Besuchen von Freunden fehlte ihr die Lust und Energie. Sie vergrub sich am liebsten zuhause im Bett und hoffte, morgens einmal nicht mehr aufwachen zu müssen. Ihr geringer Lebenswille zeigte sich auch darin, daß sie begonnen hatte, ihr Äußeres und ihren Körper zu vernachlässigen. Jede ihrer Beziehungen war sie eingegangen, „um das Gefühl zu haben, gemocht zu werden". In der bestehenden Partnerschaft unterdrückte sie ihren Ärger und ihre Bedürfnisse aus Angst vor Ablehnung.

Frau M. beschrieb mir ihre Lebenseinstellung folgendermaßen: „Ich kann nichts und ich bin nichts. Ich bin bereit, alles zu ertragen für ein bißchen Liebe und Geborgenheit. Dafür opfere ich bereitwillig meine Menschenwürde und mache mich zum Objekt.".

Als Frau M. zu mir kam, befand sie sich in der Phase II der Trennungsbewältigung. Sie fühlte sich überflüssig und am Boden zerstört, weil sie ihren Partner verloren hatte, den sie zum wichtigsten Teil in ihrem Leben gemacht hatte.

Wenn Sie mehrere der folgenden Fragen mit „ja" beantworten können, dann fühlen auch Sie sich im Augenblick verzweifelt, niedergeschlagen und mutlos.

Ist das Leben für Sie sinnlos geworden?	ja/nein
Haben Sie den Eindruck, nie mehr glücklich sein zu können?	ja/nein
Haben Sie daran gedacht, sich umzubringen, oder haben Sie es schon versucht?	ja/nein
Haben Sie Ihr Interesse für Beruf, Haushalt, Hobbies und Kinder verloren?	ja/nein
Verkriechen Sie sich in Ihrer Wohnung oder Ihrem Bett?	ja/nein
Fühlen Sie sich unfähig, die täglichen Routineaufgaben auszuführen und Entscheidungen zu treffen?	ja/nein
Haben Sie den Eindruck, im Leben versagt zu haben?	ja/nein
Fühlen Sie sich hilflos?	ja/nein
Fühlen Sie sich ungeliebt und verlassen?	ja/nein
Wären Sie froh, am Morgen nicht mehr aufzuwachen?	ja/nein
Weinen Sie häufig und bei kleinsten Anlässen?	ja/nein
Beginnen Sie zu weinen, wenn Sie glückliche Paare sehen?	ja/nein

Vernachlässigen Sie Ihr Äußeres? ja/nein
Denken Sie nur über die schönen Seiten der Partnerschaft nach? ja/nein
Grübeln Sie ununterbrochen „Warum mußte mir das passieren"? ja/nein
Fühlen Sie sich innerlich wie abgestorben und leer? ja/nein

Sie befinden sich in der schwierigsten Phase der Trennungskrise. Gleichzeitig ist diese Phase ein sehr wichtiger Teil in Ihrem Heilungsprozeß. Das Trauern ist ein Teil des Abschiednehmens und bietet gleichzeitig die Chance zum Neubeginn.

Der Verlust eines Menschen, sei es durch Tod oder Trennung, gehört zu den schmerzlichsten Erfahrungen in unserem Leben. Da dieser Verlust so schwer zu ertragen ist, ist die erste Reaktion häufig die Verneinung des Verlustes und die Hoffnung auf Wiedergutmachung (Phase I). Wird die Hoffnung aufgegeben, kommt es neben Wut- und Schuldgefühlen zu Trauer und Depressionen. Wir fühlen uns im Innern verletzt, als ob wir eine offene Wunde hätten. Wir haben eine Leere in uns, die wir zu füllen versuchen. Manche Menschen greifen deshalb zu Alkohol, Tabletten oder übermäßigem Essen. Sie sehen darin die einzige Möglichkeit, den Schmerz nicht mehr spüren zu müssen und wenigstens eine Zeit lang den quälenden Gedanken Einhalt bieten zu können.

Niemals mehr im Leben fühlen wir uns so hilflos und allein gelassen als in dem Augenblick der Trennung. Es erscheint uns so, als ob die ganze Welt zusammenbricht. Alle Lebenskräfte und jeglicher Lebenswille scheinen im Innern zu erlöschen. Gedanken an Selbstmord kommen uns in den Kopf. Gedanken wie: „Nie mehr werde ich glücklich sein können.", „Es ist alles aus.", „Ich bin hilflos.", „Ich weiß nicht, wie es weitergehen soll.", überfallen uns. Als Folge davon treten Passivität, Apathie und Depressionen auf. All das, womit wir uns bisher im Leben motiviert haben, haben wir um den Partner herum aufgebaut. Jetzt fallen wir in ein Loch. Wir fühlen uns überflüssig und nicht lebensfähig. Je mehr wir unser Leben um den Partner herum orientiert haben, desto mehr stürzt alles in uns zusammen.

Wenn wir die Partnerschaft eingegangen sind mit der Einstellung: „Ich brauche den Partner, um glücklich zu sein, und nur dieser Partner kann es mir geben.", sehen wir keine Chance, jemals mehr glücklich zu werden. Die Trennung schafft neue Lebensumstände, denen wir zunächst hilflos gegenüberstehen. Einige uns geläufige Rollen hören auf. „Wer bin ich, wenn ich keine Ehefrau, kein Partner von ... mehr bin?" Verwirrung und Verzweiflung sind die Folge.

Es gibt eine ganze Reihe von Verlusten bei einer Trennung:

- der Verlust des Partners mit all seinen positiven und negativen Seiten,
- den gemeinsam entwickelten Gewohnheiten und Ritualen
- der Verlust an gemeinsamen Zukunftsplänen
- der Verlust einer Beziehung und der damit verknüpften Sicherheit
- der Verlust der Rolle als Ehefrau, des Ehemanns, des Partners
- der Verlust der Rolle als Liebhaberin oder Liebhaber
- der Verlust des Status als Paar
- der Verlust von finanzieller Absicherung und einem bestimmten Lebensstandard
- evtl. der Verlust der Kinder
- evtl. der Verlust eines Hauses oder einer Wohnung

Durch die Trennung werden wir gezwungen, uns auf unsere eigenen Kräfte zu besinnen. Wir müssen beginnen, uns mühsam eine neue Rolle als alleinstehender Mensch zu entwickeln, der fähig ist, für sich selbst zu sorgen.

Immer hat man uns gesagt, daß die Liebe die Lösung für alles sei. Liebe bringe uns Sicherheit, Glück, Freude und Kraft. Nun lieben wir und fühlen uns trotzdem so elend wie nie zuvor. Man hat uns nicht gesagt, was passiert, wenn der Mensch, den wir lieben, uns plötzlich nicht mehr liebt und verläßt.

Das Glück, das wir in einer Liebesbeziehung empfinden, kommt daher, daß wir wiedergeliebt werden (siehe Kapitel 6). Doch das kann uns niemand garantieren. Wir können nichts tun, wenn die Person, die wir lieben, uns eines Tages nicht mehr liebt. Das erzeugt die Hilflosigkeit und den Eindruck, außer Kontrolle zu sein.

Wir können plötzlich nur noch an die verlorene Liebe denken und an alles Schöne, was wir scheinbar nie mehr erleben können. Ständig kreisen die Gedanken im Kopf, was wir alles „nie mehr mit dem Partner zusammen erleben können". Niemand und nichts kann uns für den Verlust entschädigen. Wir erleben quasi Entzugserscheinungen vergleichbar mit einem Süchtigen, dem sein Suchtmittel entzogen wurde. Wir können nichts mehr tun, was wir mit unserem Partner zusammen gemacht haben, ohne diesen Schmerz zu empfinden. Jede Kleinigkeit, sogar das, was wir früher an ihm nie leiden konnten, erscheint uns jetzt liebenswert. Dinge, die wir früher überhaupt nicht beachtet haben, erscheinen uns jetzt als unverzichtbar. Unser Partner erscheint uns als der unersetzbare Idealpartner. Wir haben den Eindruck, daß sich niemand sonst in der gleichen Situation so erbärmlich und verlassen fühlt wie wir. Wir versuchen, uns mit unserem Schmerz zu verkriechen. Wir wissen, daß wir seine Liebe nicht mehr zurückgewinnen können. Deshalb erscheint uns das Leben sinnlos. Wir fühlen uns als halber Mensch, der ohne die andere Hälfte nicht lebensfähig ist.

Es hat den Anschein, als ob wir uns nicht gegen die hartnäckigen Erinnerungen an den Partner zur Wehr setzen können. Wir empfinden an nichts mehr Freude und können gleichzeitig den Partner auch nicht mehr zurückholen. Das ist eine Falle, aus der wir scheinbar nicht mehr herauskommen können. Wir erleben unsere Verzweiflung als vom Partner verursacht. Wir glauben, nur dadurch von unseren negativen Gefühlen befreit werden zu können, daß der Partner zurückkommt - und dieser kommt nicht zurück.

Aber Tatsache ist: Wir haben Kontrolle über unsere Gefühle. Wir haben unser vergangenes Leben so aufgebaut, daß wir uns jetzt verzweifelt fühlen müssen, denn wir haben von unserem Partner immerwährende Liebe und Unterstützung gewünscht. Wir haben dem Partner die Macht gegeben, in uns positive Gefühle auszulösen, indem wir sein Verhalten und seine Person als positiv bewerteten. Nun können wir bestimmen, wie lange wir uns verzweifelt fühlen werden. Wir brauchen nicht zu warten, bis unser Partner zurückkommt. Lediglich über die Gefühle und Verhalten unseres Partners haben wir keine Kontrolle.

Unser Partner ist kein Heilmittel für unsere Schmerzen. Wenn er nur aus Mitleid zurückkommen würde, hätten wir nichts gewonnen. Wenn wir uns wieder versöhnen, bevor wir gelernt haben, ohne ihn glücklich zu leben, würden wir in beständiger Angst vor einer neuen Trennung leben.

„Ich fühle gar keine Verzweiflung, ich fühle mich nur innerlich wie abgestorben!"

Manche Menschen reagieren, wenn sie sich der Trennung bewußt werden, mit Gefühlen von innerer Leere und Betäubtheit. Sie laufen umher, als ob jemand ihnen eine Käseglocke übergestülpt hätte. Es kommen keine Botschaften hinein und gelangen keine Botschaften heraus. Sie empfinden alles als unwirklich. Sie haben Angst, wenn sie sich nicht „zusammennehmen" und die Gefühle unterdrücken würden, hätten sie keine Kontrolle mehr über ihre Gefühle. All ihr Schmerz würde über sie hereinbrechen und er würde nie mehr aufhören.

Andere Menschen beschäftigen sich täglich damit, wie sie sich das Leben nehmen können. Häufig tritt zu diesem Zeitpunkt auch eine Art von Halluzinationen auf. Betroffene haben den Eindruck, die Stimme des Partners zu hören oder ihn auf der Straße zu sehen, obwohl er es nicht ist. Keine Angst, Sie werden nicht verrückt. Diese Symptome sind Ausdruck des verzweifelten Wunsches nach Versöhnung und der ständigen gedanklichen Beschäftigung mit dem Partner.

„Ich könnte nur dauernd weinen und fühle mich als der ärmste Mensch auf der Welt."

Jeder verspürt nur den Schmerz in seinem Körper, sodaß auch immer der eigene Schmerz der schlimmste ist, den wir empfinden können. Gedanken wie: „Ich bin arm dran. Keinem geht es so schlecht wie mir.", erzeugen in uns Mitleid mit uns selbst. Wir bedauern uns für unser Elend. Es ist in Ordnung, auch zuzulassen, sich selbst zu bedauern. Doch der Nachteil dabei ist, daß wir uns als Opfer sehen. Wir glauben, ein anderer, in dem Fall unser Partner, müßte kommen, um uns zu erlösen. Nur wenn wir aufhören, uns zu bemitleiden und uns innerlich sagen: „Du kannst etwas tun, damit es dir besser geht. Du bist nicht hilflos.", können wir unsere Verzweiflung überwinden.

Fühlen Sie sich im Augenblick verzweifelt und mutlos? Haben Sie sich entschieden, Ihr Mitleid aufzugeben und stattdessen etwas zu tun, um die Verzweiflung zu überwinden? Dann lesen Sie weiter.

Wie können Sie besser mit Ihrer Verzweiflung umgehen?

1. Akzeptieren Sie Ihre Verzweiflung und die Trauer für den Augenblick. Sie zeigen Ihnen, daß Sie etwas verloren haben. Sie müssen sich erst ein neues Lebenskonzept zulegen, das die Lücke mitberücksichtigt, die der Partner hinterlassen hat. Und dazu benötigen Sie Zeit.

So wie die Trauer beim Tod eines Menschen als natürlich angesehen wird, sollten Sie sich die Trauer auch bei einer Trennung zugestehen. Geben Sie sich Zeit, sich auf die neue Situation einzustellen. Sagen Sie sich innerlich: „Ich bin bereit, meine Traurigkeit anzunehmen. Ich darf weinen und traurig sein, weil ich einen Menschen verloren habe, der mir sehr wichtig war.". Auch wenn andere Menschen schneller über eine Trennung hinwegkommen, dürfen Sie sich Zeit lassen. Kein Mensch ist vergleichbar mit einem anderen.

2. Vermeiden Sie es, sich am Arbeitsplatz zu stark mit Ihren Gefühlen zu beschäftigen. Unterbrechen Sie die Gedanken an den Partner, wenn sie in der Firma auftauchen, immer wieder. Sagen Sie sich innerlich: „Stopp, jetzt ist nicht der Zeitpunkt, wo ich mich damit beschäftigen werde!", - wenn notwendig hundert Mal am Tag.

3. Nehmen Sie sich täglich eine Stunde Zeit, Ihre Trauer auszudrücken, indem Sie weinen und Ihrer Verzweiflung im Tagebuch Ausdruck verleihen. Indem Sie sich bewußt eine Stunde einräumen, um Ihren Schmerz zuzulassen, erhalten Sie Kontrolle über Ihre Gefühle. Sie verdrängen Ihre Gefühle nicht, aber lassen sie auch nicht Ihren ganzen Tag gestalten. Gestatten Sie sich in dieser Zeit, den qualvollen Erinnerungen und Gedanken nachzugehen. Die Erinnerungen müssen und werden kommen. Das ist in Ordnung, aber Sie können wählen, wann Sie ihnen Raum und Platz einräumen.

Mit der Zeit wird der Schmerz nachlassen. Es ist wichtig, den Schmerz zuzulassen, sonst äußert er sich in psychosomatischen Beschwerden wie z.B. Kopfschmerzen, Magengeschwüren, Arthritis.

4. Schreiben Sie in Ihrem Tagebuch einen Brief an Ihren Partner, in dem Sie von allem Abschied nehmen, was er Ihnen gegeben hat. Beginnen Sie jeden Satz mit: „Ich verabschiede mich von ...". Beziehen Sie die positiven und negativen Seiten des Partners mit ein. Z.B. könnten Sie schreiben: „Ich verabschiede mich von Deiner Zärtlichkeit,

die Du mir am Abend im Bett gegeben hast. Ich verabschiede mich von Deiner Unordentlichkeit, die Du morgens im Bad hinterlassen hast.".

Schicken Sie diesen Brief jedoch nicht ab. Sie werden beim Schreiben Traurigkeit und vielleicht auch Wut empfinden. Lassen Sie sie zu. Loben Sie sich für diesen wichtigen Schritt, den Schmerz zuzulassen.

5. Überlegen Sie, was Sie von Ihrem Partner bekommen haben, und wonach Sie sich jetzt so sehr sehnen. Können Sie es sich auf eine andere Art verschaffen? Dann holen Sie es sich.

Wenn Sie bemerken, daß Sie andere Möglichkeiten haben, zufrieden zu sein, als durch den Partner, dann fühlen Sie sich nicht mehr so hilflos.

Wahrscheinlich kommt jetzt innerlich der Widerspruch bei Ihnen: „Nichts kann mir meinen Partner ersetzen. Wenn ich ihn nicht haben kann, will ich gar nichts haben.". Das ist wieder ein Stolperstein auf dem Weg zum Gipfel. Versuchen Sie es mal mit der „zweitbesten" Lösung. Sie ist besser, als in der Opferrolle zu bleiben.

6. Nehmen Sie Kontakt zu Freunden und Bekannten auf, um von anderen Menschen die Zuneigung zu bekommen, die Sie verloren haben. Aber vermeiden Sie es, mit Ihren Freunden immer wieder über Ihr „Schicksal" zu reden.

7. Legen Sie in Ihrem Tagebuch eine Liste von den Dingen an, die Sie tun wollen, um Ihr Leben wieder in die Hand zu nehmen.

Ordnen Sie diese Dinge nach der Wichtigkeit und beginnen Sie mit dem Wichtigsten. Belohnen Sie sich für jeden Punkt auf der Liste, den Sie erledigt haben. Im Augenblick kostet Sie jede Betätigung sehr viel mehr Anstrengung als zu „normalen Zeiten".

Die Liste sollte z.B. so Punkte beinhalten wie: eigenes Konto eröffnen, einen Anwalt anrufen, den Mietvertrag ändern, neue Wohnung suchen, Freundin anrufen, Arbeitsamt aufsuchen, einkaufen, Wagen zur Reparatur bringen, zum Friseur gehen, Arzt aufsuchen.

8. Behandeln Sie Ihren Körper und Ihr Äußeres ein klein wenig aufmerksam und liebevoll - auch wenn Sie sich nicht danach fühlen. Die meisten Menschen vernachlässigen ihr Äußeres nach einem Trennungsschock. Sie meinen, daß ein Körper, der nicht in der Lage wäre, den Partner zu halten, es auch nicht verdiene, sorgfältig behandelt zu werden. Gönnen Sie sich z.B. einen Termin bei dem Masseur, der Kosmetikerin, die Sonnendusche, eine neue Frisur, etwas Neues zum Anziehen.

9. Sammeln Sie all die Bilder, Mitbringsel, Kleidungsstücke und Gegenstände in Ihrer Wohnung ein, die Sie an Ihren Partner erinnern. Nehmen Sie Ihren Ehering vom Finger, die Bilder von der Wand, das Parfum von der Badezimmerkonsole, die Liebesbriefe aus der Nachttischschublade. Verpacken Sie alles in einer großen Kiste und stellen Sie die Kiste in den Keller oder auf den Speicher. Werfen Sie die Erinnerungsgegenstände nicht weg, denn später würde es Ihnen wahrscheinlich leid tun.

Lediglich für den Augenblick ist es nicht sinnvoll, sich ununterbrochen durch deren Anblick an den Partner zu erinnern und sich dadurch Schmerz auszulösen. Es wäre vergleichbar damit, daß Sie immer wieder mit dem Finger in einer Wunde herumstochern. Sie können Ihre Beziehung nicht mehr retten, indem Sie die Relikte schöner Stunden anschauen. Sie zögern dadurch nur die Heilung hinaus. Wenn Sie alles weggepackt haben, verändern Sie die Wohnung mit ein paar Gegenständen, die Sie schon immer gerne haben wollten; z.B. mit einem neuen Poster, ein paar Seidenkissen, schönen Übertöpfen, einer neuen Pflanze, neuen Tapeten. Überwinden Sie sich, kleine Veränderungen vorzunehmen, auch wenn Ihnen „Ihr Körper signalisiert, daß alles umsonst ist". Nehmen Sie die Wohnung in Besitz und machen Sie diese zu Ihrem alleinigen Reich.

10. Meiden Sie im Augenblick die Plätze, an denen Sie Ihrem Partner begegnen könnten.

11. Vermeiden Sie, den Partner anzurufen. (Auch keine Kontrollanrufe bei dem „neuen" Partner, im Büro oder in der Nacht). Wenn Sie das Bedürfnis haben, ihm unbedingt etwas mitzuteilen, dann schreiben Sie Ihre Gedanken ins Tagebuch. Schicken Sie ihm keinen Brief.

Die Hilfestellungen 9, 10 und 11 gelten nur für eine begrenzte Zeit. Natürlich ist es nicht Ziel, auf Dauer alles zu vermeiden, was Sie an den Partner erinnern könnte. Wenn Sie die quälenden Gedanken an die Vergangenheit überwunden haben und besser mit der Erinnerung umgehen können, steht Ihnen die Welt wieder vollkommen offen.

12. Wenn Sie Selbstmordgedanken haben und sich selbst nicht mehr über den Weg trauen, wenden Sie sich sofort an einen Psychotherapeuten oder Arzt. Bei Nacht können Sie die Telefonseelsorge, deren Telefonnummer im örtlichen Telefonbuch steht, anrufen. Sie brauchen keinen Namen zu nennen, wenn Sie von sich erzählen. Am anderen Ende der Leitung hören Ihnen geschulte Laien geduldig zu.

Ihre schmerzlichen Gefühle werden vorbeigehen - wenngleich es im Augenblick nicht so aussehen mag. Vertrauen Sie mir.

13. Vermeiden Sie Alkohol, Tabletten, übermäßiges Essen und Drogen. Sie helfen nur kurzfristig, den Schmerz nicht zu spüren. Da Drogen und Tabletten den Schmerz nicht heilen können - das können nur Sie selbst und zwar ganz bewußt - müssen Sie immer mehr von diesen Suchtmitteln nehmen, um sich besser zu fühlen. Am Ende steht noch ein zusätzliches Problem: die Abhängigkeit.

14. Ihr Schmerz wird Sie nicht überwältigen. Sie können Ihren Schmerz und Ihre Verzweiflung aushalten. Sie werden vorüberziehen. Wenn Ihnen die Zeit bis dorthin unendlich lange erscheint, dann entscheiden Sie sich innerlich dafür, „immer nur für diesen einen Tag weiterzuleben". Dies erscheint überschaubar und machbar.

15. Überprüfen Sie Ihren Fortschritt anhand der Fragen, die ich zu Beginn des Abschnitts aufgeführt habe. Je mehr Fragen Sie mit „nein" oder „seltener" beantworten können, desto weiter sind Sie schon vorangekommen.

Einsamkeitsgefühle und Angst

„Allein bin ich hilflos"

einsam fühle ich mich
wenn ich eine Hand suche
und nur worte finde

Herr Rolf G., 37 Jahre alt, kam zu mir in Therapie, weil er seit drei Wochen alleine lebte und sich der quälenden Einsamkeit nicht gewachsen sah. Er hatte zuvor 12 Jahre lang zusammen mit seiner Frau und zwei Kindern in einem Haus gelebt.

Er erzählte mir, seine Frau wolle sich von ihm trennen, weil sie kein drittes Kind, sondern einen richtigen Mann und Partner haben wollte. Und dies, glaube sie, könne er nicht sein. In seiner neuen kleinen Wohnung war Herr G. kaum in der Lage, nachts einzuschlafen. Er hatte starke Ängste und Verlassenheitsgefühle. Die Wochenenden und Abende waren die schlimmste Zeit für ihn. Er schilderte mir, daß er sich so verlassen und hilflos fühle wie ein kleines Kind. Vor seiner Ehe habe er nie alleine gelebt. Er habe starke Sehnsucht nach seiner Frau und seinen Kindern. Zum Fernsehen oder Lesen fehle ihm die Ruhe. Überhaupt nichts würde ihm mehr Freude bereiten. Zuhause falle ihm die Decke auf den Kopf. Er habe einmal probiert, abends wegzugehen. Er sei dann aber nur trauernd dagesessen und sei sich überflüssig vorgekommen. Manchmal träume er davon, wieder eine heile Familie zu haben. Wenn die Kinder zu Besuch kämen, gehe es ihm besser. Am liebsten würde er sie dann ganz dabehalten. Seit seinem Auszug rauche er eine Zigarette nach der anderen. Wenn sein Leben so weitergehen würde, könne er für nichts garantieren. Ohne seine Familie könne er sich sein Leben nicht vorstellen.

Herr G. litt unter starken Einsamkeitsgefühlen. Er mußte lernen, sich selbst genug zu sein und sich einen neuen Lebenssinn zu geben.

Wenn Sie mehrere der folgenden Fragen mit „ja" beantworten können, dann leiden Sie auch unter Einsamkeits- und Angstgefühlen.

Haben Sie den Eindruck, es nicht alleine aushalten zu können?	ja/nein
Machen Sie sich Sorgen, nie mehr einen Partner zu finden?	ja/nein
Denken Sie, alles breche über Ihnen zusammen und Sie würden es nicht alleine schaffen?	ja/nein
Drehen sich Ihre Gedanken darum, krank oder im Alter allein zu sein?	ja/nein
Trauen Sie sich nicht, alleine ins Theater, Kino oder Restaurant zu gehen?	ja/nein
Haben Sie den Eindruck, nachts zu ersticken?	ja/nein
Halten Sie es nicht alleine in der Wohnung aus?	ja/nein
Tigern Sie ruhelos in Ihrer Wohnung umher, ohne sich längere Zeit mit etwas beschäftigen zu können - obwohl genug Arbeit da wäre?	ja/nein
Halten Sie sich krampfhaft beschäftigt?	ja/nein
Suchen Sie wahllos den Kontakt zu Menschen, um nicht allein zu sein?	ja/nein

Für die meisten Menschen beginnt mit der Trennung ein langer Weg voller Angst- und Hilflosigkeitsgefühle. Ein vielleicht nie gekanntes Gefühl von totaler Verlassenheit, Ausgestoßensein und Einsamkeit fällt lähmend über sie herein. Bevor wir uns mit den Einsamkeitsgefühlen nach einer Trennung beschäftigen, wollen wir uns zunächst allgemein das Wesen der Einsamkeit betrachten.

Einsamkeit ist ein menschliches Gefühl, das plötzlich und scheinbar zufällig oder auch in länger andauernden Phasen auftreten kann. Wir können Einsamkeit überall verspüren: wenn wir alleine sind, wenn wir mit dem Partner zusammen sind oder sogar, wenn wir uns in größerer Gesellschaft befinden. Einsame Menschen verspüren körperliche und seelische Symptome.

Obwohl Alleinsein zu Einsamkeitsgefühlen führen kann, ist es möglich, auch alleine mit einem Minimum an Einsamkeitsgefühlen zu leben. Wir können Einsamkeit in einen zufriedenen Zustand des Alleinseins umwandeln.

Zwischen Alleinsein und Einsamkeit besteht ein deutlicher Unterschied: Einsamkeit bedeutet, daß wir uns nach Gesellschaft sehnen und den Wunsch haben, nicht allein zu sein. Wir fühlen uns einsam, weil wir uns mit uns selbst langweilen, uns ablehnen und uns selbst nicht genug sind. Alleinsein bedeutet, daß wir allein sind und dabei entspannt sind oder uns sogar wohl fühlen.

Das Alleinsein muß also nicht zwangsläufig zu Einsamkeit führen. Einsamkeitsgefühle entstehen dann, wenn wir nicht gelernt haben, uns selbst Befriedigung zu schaffen und Anerkennung zu geben. Sie entstehen, wenn immer Menschen um uns herum waren, die uns unsere Probleme abgenommen haben. Sie entstehen auch, wenn wir uns keinen Sinn im Leben geben.

Wir können zwischen momentanen, vorübergehenden und chronischen Einsamkeitsgefühlen unterscheiden. Wenn wir in eine neue Stadt ziehen, die Stelle wechseln oder uns generell erst in einer neuen Situation zurechtfinden müssen, treten kurzfristig bei fast allen Menschen Gefühle von Isolation und Einsamkeit auf. Auch die Trennung vom

Partner muß kurzfristig zu Einsamkeitsgefühlen führen, denn wir fühlen uns abgetrennt von unserem Partner. Die Einsamkeit sagt uns, daß wir einen Kontakt verloren haben und uns erst an die neue Situation anpassen müssen.

Jeder gesunde erwachsene Mensch trägt die Fähigkeit in sich, alleine zu leben und mit sich zufrieden zu sein. Von unserer Säuglingszeit, der Zeit der totalen Abhängigkeit bis hin zum Erwachsensein entwickeln wir immer größere Unabhängigkeit von anderen. Viele Menschen haben diesen Prozeß jedoch vor dem Erreichen der vollkommenen Unabhängigkeit unterbrochen. Sie sind vom Elternhaus lückenlos in die Partnerschaft übergewechselt, ohne je allein und unabhängig gelebt zu haben. Sie haben nicht gelernt, mit sich allein und dennoch zufrieden zu sein. Sie haben nicht erfahren, daß sie fähig sind, die alltäglichen Anforderungen alleine zu erfüllen. Stattdessen haben sie einen Partner gewählt, der sie glücklich gemacht und in allen notwendigen Bereichen unterstützt hat.

Durch die Trennung werden sie dann quasi mit einem Stück Erwachsenwerdens konfrontiert. Sie hatten ihrem Partner für ihr Leben und ihr Glück die Verantwortung übertragen. Als Folge davon sehen sie ihn auch für ihr Unglück verantwortlich. Sie verlieren mit ihrem Partner ihren Halt. Nachdem sie jahrelang ihre eigene Person nur in Verbindung mit dem Partner gesehen haben, müssen sie jetzt zu sich selbst finden. Sie müssen sich eine neue Rolle suchen und sie einstudieren. Sie müssen lernen, alleine zu essen, zu schlafen, in der Wohnung zu leben, mit den Behörden zu verhandeln, in Urlaub zu fahren, auszugehen, sich zu loben, Kinder zu erziehen und vieles mehr. Und noch dazu müssen sie vielfach lernen, ohne die oftmals über Jahre vertrauten Freunde zurechtzukommen. Meine Erfahrung mit Menschen nach der Trennung ist, daß sich ihre gemeinsamen eng vertrauten Freunde häufig zurückziehen.

Da nahezu alle Kinder in der Kindheit davon träumen, später mal den Traumpartner zu finden und zu heiraten, gibt es für die meisten Erwachsenen keine konkrete Vorstellung, wie man alleine leben und dennoch glücklich sein kann. Die Gesellschaft trägt ihren Teil dazu bei, uns nicht auf ein Leben als Single vorzubereiten. Sie verurteilt alleinstehende Menschen auch heute noch und versieht sie mit Namen wie „Eigenbrödler, Einsiedler, alte Jungfer" und mit dem Ruf „mit dem stimmt was nicht".

Alleinstehende Menschen werden als Versager, unfähig, jemandem zu gefallen oder einen Partner zu halten, angesehen. Erst in den letzten Jahren lockern sich diese Einstellungen ein wenig - aber für all diejenigen, deren Beziehung schon lange besteht, ist die Trennung ein Schock, auf den sie nicht ausreichend vorbereitet sind.

Alles in allem türmt sich vor dem „neugeborenen Single" ein scheinbar unbewältigbarer Berg an Problemen auf. Diese unbekannte Zukunft und der Gedanke „Ich werde das nicht schaffen" führen zu Angst bis hin zu panikartigen Anfällen.

„Neugeborene Singles" stellen sich zunächst einmal vor, nie mehr einen Ersatz für ihren Partner finden zu können und ewig alleine leben zu müssen. Gleichzeitig sehen sie sich unfähig, alleine zu überleben.

Einige Menschen berichten infolgedessen über Lethargie, Desinteresse und Lustlosigkeit. Sie ziehen sich ins Bett zurück, ziehen auch unter Tage die Rolläden nicht hoch und gehen nicht ans Telefon. Andere leiden unter Ruhe- und Konzentrationslosigkeit. Sie irren in der Wohnung umher wie ein gefangenes Tier. Sie zeigen häufig auch „verrückte Verhaltensweisen", gehen mit dem Schlafanzug des Partners ins Bett, lassen den Radio die ganze Nacht spielen oder besprühen sich mit dem Parfum des Partners, um sich nicht so einsam zu fühlen. Sie kuscheln sich an den Teddy, schaukeln stundenlang mit dem Schaukelstuhl oder kleben ein vergrößertes Bild vom Partner in den Flur.

Wenn sie sich schon einmal dazu überwinden, wieder mit ihrem Hobby anzufangen, erfüllt dieses sie nicht im geringsten, und sie lassen schnell wieder davon ab. Sie vernachlässigen ihre Wohnung, ihr Äußeres und lassen in ihrer Arbeitsleistung deutlich nach. Andere stürzen sich auf die Umwelt. Sie brauchen Menschen um sich, planen für jeden Tag eine Aktivität, um nicht mit dem Gefühl der inneren Leere konfrontiert zu werden. Sie wählen dabei nicht aus, welche Menschen und Aktivitäten von Interesse sind, sondern für sie ist nur wichtig, „nicht dieses grausame Gefühl der Einsamkeit zu verspüren". Ja, einige Menschen stürzen sich sogar in zahlreiche sexuelle Abenteuer, um sich zu beweisen, „daß sie doch noch jemand sind", und um nicht allein zu sein. (siehe dazu auch Kapitel 5).

Viele Menschen, die die innere Unruhe verspüren, wählen auch den Weg, sich in der Arbeit zu vergraben, um diese quälende Einsamkeit nicht ertragen zu müssen.

Spüren Sie im Augenblick Einsamkeitsgefühle und Ängste? Das ist in Ordnung. Sie müssen sie verspüren, weil Sie so vieles vermissen: die Geräusche des Partners, seine Zärtlichkeiten, Komplimente, Nörgeleien, Unordentlichkeiten und Gerüche. Sie umgibt nur die gähnende Leere. Sie müssen Angst verspüren, weil Sie vieles, was der Partner bisher übernommen hatte, noch nie in Ihrem Leben gemacht haben, und viel Neues auf Sie zukommt, was bisher nicht notwendig war wie z.B. der Weg zum Anwalt, Verhandlung mit Handwerkern, Umzug, Gang zu den Behörden, getrennte Steuererklärung, etc..

Akzeptieren Sie als ersten Schritt Ihre Gefühle. Sie müssen durch Ihre Ängste und Einsamkeitsgefühle hindurch. Diese Gefühle helfen Ihnen dabei, selbständiger und aktiver zu werden. Sie geben Ihnen Signale, daß sie noch dazulernen müssen. Ihnen fehlen die Fähigkeiten, sich selbst als liebenswerte Person anzusehen und sich selbst genug zu sein. Ihnen fehlen die Fähigkeiten, alleine wegzugehen, mit

Behörden zu verhandeln, die Finanzen zu regeln oder fremde Menschen anzusprechen.

Sie können Ihre Fähigkeiten weiterentwickeln, den Alltag alleine zu bewältigen und sich innere Zufriedenheit zu verschaffen.

Es lohnt sich, die Erfahrungen zu durchleben, die Sie gerade machen. So werden Sie fähiger werden, in der Zukunft eine gleichberechtigte Partnerschaft einzugehen. Sie werden in der Partnerschaft weniger Angst verspüren und weniger klammern müssen. Sie werden mehr Liebe, Toleranz und gegenseitige Achtung zeigen können.

Wenn Sie die Partnerschaft eingehen, weil Sie glauben, unfähig zu sein, alleine und zufrieden zu leben, sehen Sie sich dem Partner ausgeliefert. Sie müssen ständig befürchten, ihn und seine Gunst zu verlieren. Und wenn Sie in Angst leben, verschwindet die Liebe. Sie werden eifersüchtig auf die Freunde oder gar das Hobby des Partners. Sie stellen Ihre Bedürfnisse ihm zuliebe zurück, um ihn nicht zu verlieren. Wenn der Partner sich nicht nach Ihren Vorstellungen verhält, schlägt die Liebe in Haß um. Aber Sie vermeiden es, dem Partner gegenüber Ärger oder Enttäuschung zu äußern, aus Angst, er könnte Ihnen böse sein und Sie nicht mehr mögen.

Die Überwindung der Einsamkeitsgefühle läßt sich in zwei Phasen einteilen. In der ersten und härtesten Phase sind die Einsamkeitsgefühle und die innere Leere so groß, daß es nicht empfehlenswert ist, diese Gefühle durch betontes Alleinsein zu überwinden. Sie erleben sonst nur Grübeln, Selbstmitleid und Selbstzerfleischung.

In der zweiten Phase ist es Ziel, die Abhängigkeit von anderen abzubauen. Sie müssen lernen, „sich selbst genug zu sein", sonst werden in den weiteren Beziehungen immer wieder dieselben Ängste vor der Einsamkeit auftreten. Sie müssen deshalb noch lange nicht zum überzeugten Einsiedler werden.

Worum es geht, ist, daß Sie in der Zukunft frei entscheiden können, ob Sie lieber eine feste Beziehung oder mehrere lockere Freundschaften eingehen möchten. Es geht also um die Entscheidungsfreiheit. Im Augenblick besitzen Sie keine Entscheidungsfreiheit, denn Sie glauben, ohne Partner nicht glücklich sein zu können. Ziel ist es, Freude am Alleinsein zu entwickeln und all die Fähigkeiten und Interessen wieder zu entdecken, denen Sie wegen des Partners nicht mehr oder gar nicht nachgegangen sind.

Wie können Sie die ersten Tage (Wochen, Monate) im Kampf gegen die Einsamkeit überleben?

1. Verstehen und akzeptieren Sie zunächst einmal dieses Gefühl der Einsamkeit. Es gehört dazu und ist unausweichlich, wenn man sich angewöhnt hat, sein Leben um einen Partner herum aufzubauen. Sie können lernen, erfolgreich und zufrieden alleine zu leben, aber dazu gehört Zeit.

Sagen Sie laut zu sich: „Ich bin bereit, meine Einsamkeit zu akzeptieren.". Damit haben Sie schon einen großen Schritt für sich getan. Sie können in dieser Phase der Einsamkeit mehr über sich erfahren. Verurteilen Sie sich deshalb nicht dafür, sondern nutzen Sie die Phase, um sich näher kennenzulernen. Alleinsein ist der erste Ausdruck von Freiheit.

2. Wenn Ihre Freunde Sie anrufen und einladen wollen, sagen Sie auf keinen Fall ab, auch wenn Ihnen nicht nach Besuch zumute ist. Sonst werden Sie es wenig später bereuen. Geben Sie sich innerlich einen Ruck und willigen Sie ein, auch wenn Sie verweint und nicht in entsprechender Stimmung sind. Die Freunde wissen, daß Ihnen im Augenblick nicht nach „Strahlen" ist.

Wenn Sie immer wieder Einladungen ablehnen, wird Sie bald niemand mehr einladen. Lassen Sie keine Entschuldigungen vor sich zu, warum Sie die Einladung nicht annehmen können.

3. Rufen Sie Freunde, Bekannte, Ihre Eltern oder die Telefonseelsorge an, um über die größten Einsamkeitsgefühle, die besonders nachts und am Wochenende auftreten, hinwegzukommen. Vielleicht ist sogar eine Freundin oder Freund bereit, die erste Zeit bei Ihnen zu schlafen.

4. Verschieben Sie große Entscheidungen auf später. Im Augenblick ist es nicht hilfreich, sich sofort auf einen neuen Partner „festzubeißen", die Stelle, den Wohnort oder die Wohnung zu wechseln. Was Sie jetzt entscheiden, ist meist sehr von Ihren negativen Gefühlen bestimmt. Sie könnten es später bereuen.

5. Planen Sie Ihren Tagesablauf, insbesondere die Abende und Wochenenden vor. Das ist hilfreich, weil Sie dann ein Ziel vor Augen haben, das Sie innerlich beschäftigt und auf das Sie sich vielleicht sogar ein klein wenig freuen können. Zumindest fallen Sie nicht in das tiefe Loch voller Selbstmitleid und Angst, in das Sie ohne Pläne fallen werden. Geben Sie also Ihrem inneren Chaos eine äußere Struktur. Wenn Sie nie alleine gelebt haben, sind Sie wahrscheinlich ziellos und können sich überhaupt nicht vorstellen, jemals alleine an etwas Spaß zu finden.

Glauben Sie mir, das ist möglich - aber Sie brauchen bis dahin etwas Geduld mit sich. Allein zu leben ist zu 90 % wundervoll und zu 10 % hart.

Auch überzeugte Singles werden sich in manchen Augenblicken nach einem Partner sehnen - aber welcher Partner ist selbst in einer intakten Beziehung immer zufrieden? Stürzen Sie sich für den Augenblick in Aktivitäten, sodaß Sie abends nur noch todmüde ins Bett fallen und sich nach ein paar ruhigen Minuten sehnen.

6. Was tun, wenn die Einsamkeit dennoch kommt? Die Einsamkeitsgefühle werden gelegentlich dennoch aufkommen, da Sie es nicht gewöhnt sind, selbst für Ihre Zufriedenheit zu sorgen. Planen Sie deshalb im vorab, was Sie dagegen tun möchten.

a) Werden Sie aktiv. Machen Sie einen Stadtbummel, gehen Sie ins Kino oder die Bibliothek, fahren Sie Rad oder putzen Sie die Wohnung. Jede Aktivität ist besser, als depressiv zu sein.

b) Legen Sie sich eine Liste von Dingen an, die Sie gerne tun. Tun Sie diese dann - auch wenn Ihnen nicht danach zumute ist.

c) Gönnen Sie sich etwas Schönes. Kaufen Sie sich z.B. Blumen, ein neues Parfüm, eine Illustrierte, ein Buch.

d) Rufen Sie einen Freund an oder machen Sie einen Besuch.

e) Helfen Sie jemand anderem. Besuchen Sie z.B. jemanden, von dem Sie wissen, daß er krank oder auch einsam ist.

f) Vermeiden Sie alle Beschäftigungen, die Sie traurig machen.

g) Suchen Sie einen Therapeuten auf.

Wie geht es weiter?

Umwandlung der Einsamkeitsgefühle in ein zufriedenes Alleinsein.

7. Suchen Sie gezielt nach neuen genußvollen Aktivitäten, die Sie alleine tun können. Ich weiß, daß dieser Satz wie Hohn in Ihren Ohren klingen mag, weil Sie sich im Augenblick überhaupt nicht nach Genießen fühlen. Beginnen Sie dennoch mit Aktivitäten, die Sie gerne tun - gegen dieses alte „Gefühl, daß alles nichts hilft und allein für sich nichts Freude macht". Jede Aktivität ist besser, als sich zu bemitleiden und das Leben als sinnlos anzusehen. Auch Ihr Füllhorn ist noch nicht leer. Es ist verstopft und Sie müssen es schütteln, damit etwas herausfällt. Ziel Ihres Lebens ist jetzt nicht mehr die Flucht in Aktivitäten, sondern Freude und Genuß am Tun.

Machen Sie z.B. die Aktivitäten, die Ihr Partner Ihnen verboten hatte, oder worauf Sie ihm zuliebe verzichtet haben. Sie müssen lernen, zu erkennen, was Sie gerne tun möchten, und sich von den Anschauungen Ihres Partners abgrenzen. Und das kann am Anfang ganz schön schwierig sein.

8. Beginnen Sie, einen eigenen Bekanntenkreis aufzubauen. Rufen Sie alte Freunde an, die Sie vielleicht während der Partnerschaft vernachlässigt haben. Keine Angst vor Gedanken wie: „Die werden denken, nur wenn sie Hilfe braucht, meldet sie sich.". Es könnte genausogut sein, daß sie sich freuen, wieder von Ihnen zu hören. Schauen Sie sich in Ihrer Nachbarschaft um, wer für eine nähere Bekanntschaft in Frage kommen könnte. Es ist wohltuend, zu wissen, daß Sie jemand ansprechen können, wenn Sie Probleme haben oder krank sind. Häufig merkt man erst in einer Krise, wie hilfsbereit Menschen sind.

9. Was tun am Wochenende? Planen Sie besondere Aktivitäten für sich selbst. Laden Sie Bekannte ein. Lassen Sie das Wochenende erst „planlos" an sich herankommen, wenn Sie soweit sind, das Alleinsein zu genießen.

Was tun beim Essen? Achten Sie auch für sich allein auf Etikette und Dekoration. Schalten Sie sich den Radio oder Plattenspieler ein. Sie sind es wert, sich gut zu behandeln und zu ernähren. Folgen Sie den Gedanken: „Was soll´s, für mich allein ist das doch zu viel Arbeit." nicht. Sie sind genauso wichtig, ob Sie allein oder zu zweit sind.

In meinem Buch „Einsamkeit überwinden" können Sie sich noch ausführlicher damit beschäftigen, wie Sie Kontakt zu anderen aufnehmen können.

Wie können Sie mit Ihren Ängsten besser umgehen?

10. Akzeptieren Sie Ihre Angst. Wann immer etwas Neues vor uns steht und wir glauben, es nicht bewältigen zu können, verspüren wir Angst.

11. Lernen Sie, mit Furcht, Sorgen und Zweifeln umzugehen. Schreiben Sie hierzu zunächst einmal genau auf, wovor Sie Angst haben. Dann überlegen Sie, wie andere Singles wohl diese Situation bewältigt haben. Falls Sie Singles im Bekanntenkreis haben, rufen Sie diese an und fragen nach ihren Erfahrungen. Sie wissen, daß Ihre Angst dadurch entsteht, daß Sie befürchten, alleine nicht zurechtzukommen.

Um Ihre Angst zu verringern, müssen Sie Ihre Befürchtungen auf Ihre Richtigkeit überprüfen. Wenn Sie sich etwas Falsches einreden, machen Sie sich grundlos Angst. Fragen Sie deshalb: „Stimmt es wirklich, daß ... passieren wird? Ist es wahrscheinlich oder nur möglich, daß das ... passiert? Wenn es passieren würde, wäre das tatsächlich so schlimm, daß ich in Lebensgefahr bin?". Angst ist nur sinnvoll, wenn Sie tatsächlich in Lebensgefahr kommen würden. Handeln Sie gegen Ihre Angst, wenn keine Lebensgefahr besteht. Die Angst ist nur ein Signal dafür, daß Sie denken, etwas Schlimmes würde passieren.

12. Machen Sie eine Gewinn-Verlust-Rechnung auf. Fragen Sie sich, was Sie verlieren würden, wenn Sie Ihrer Angst folgen und Situationen, vor denen Sie Angst haben, vermeiden. Was würden Sie gewinnen, wenn Sie mit Angst und trotz möglicher Gefahr in die Situation gehen? Was zählt mehr für Sie?

13. Seien Sie geduldig mit sich. Es gibt viele Erledigungen und Entscheidungen, die Sie jetzt alleine ausführen müssen. Gehen Sie einen Schritt nach dem anderen und beginnen Sie mit dem wichtigsten.

14. Gehen Sie mit Angst in die Situationen und Sie werden die Angst abbauen. Die Angst verschwindet zwar kurzfristig, wenn Sie unange-

nehme Situationen meiden, doch Sie werden dabei mit der Zeit immer unsicherer werden.

15. Loben Sie sich für jeden neuen Schritt, den Sie wagen - auch wenn andere ihn schon lange gewagt haben. Ihr Startpunkt ist ausschlaggebend. Für Sie ist es eine Überwindung gewesen und für Sie ist es deshalb ein Fortschritt und Erfolg.

Schuldgefühle und Selbstzweifel

„Ich bin an allem schuld"

mit glassplittern im herzen
bin ich zu den eisenbahnschienen gelaufen
in die bleierne schwere des abends
die böschung hinabgestürzt
zusammengestürzt
die tage werden länger
die tage werden kürzer
die jahreszeiten sind vergessen
bruch
abbruch
zusammenbruch
das wir zerstört
das ich begraben

Herr Fritz S., 34 Jahre alt, kam in Therapie, weil er stark in seiner Arbeitsleistung nachgelassen hatte. Er konnte sich nicht mehr konzentrieren und sich nichts mehr merken. Trotz großer Anstrengung konnte er es nicht vermeiden, daß sein Chef seinen Leistungsabfall bemerkte. Er kam sich als totaler Versager vor. In seinen Augen war er weder im Geschäft noch zuhause fähig, seinen Mann zu stehen.

Diesen Schwierigkeiten vorausgegangen war die Ankündigung seiner Frau, mit seinem besten Freund zusammenziehen zu wollen. Sie wollte sich nach 12 Jahren Ehe von ihm scheiden lassen. Für Herrn S. kam dieser Entschluß völlig unerwartet. Seine Frau und er hatten zwar häufig Auseinandersetzungen gehabt, sich aber wegen des 10-jährigen Sohnes immer wieder zusammengerauft. Nach vergeblichen Bemühungen, seine Frau noch umzustimmen, verfiel Herr S. in große Selbstzweifel und Selbstverurteilung. Seine Gedanken kreisten immer wieder um folgendes: „Ich bin schuld daran, daß meine Frau sich scheiden lassen will und sich einen neuen Partner gesucht hat." „Ich habe in meiner Ehe versagt." „Ich bin unfähig, eine Frau zu befriedigen."

Herr S. befand sich in der Phase II der Trennungserfahrung. Er litt unter starken Schuld- und Minderwertigkeitsgefühlen. Er war noch nicht in der Lage, die Fehler zu sehen, die jeder einzelne in der Partnerschaft gemacht hatte.

Wenn Sie mehrere der folgenden Fragen mit „ja" beantworten können, dann haben Sie im Augenblick ebenfalls eine Menge Schuld- und Minderwertigkeitsgefühle:

Machen Sie sich Vorwürfe, in Ihrer Partnerschaft alles falsch gemacht zu haben?	ja/nein
Halten Sie sich für zu dumm, unattraktiv, unfähig im Bett, usw.?	ja/nein
Geben Sie sich die Schuld dafür, daß Ihr Partner ging?	ja/nein
Glauben Sie, Sie hätten Ihren Partner zurückgewinnen können, wenn Sie sich nur noch mehr angestrengt hätten?	ja/nein
Stellen Sie sich vor, daß Ihr Partner jetzt mit einem neuen, sehr attraktiven Partner zusammenlebt?	ja/nein
Beschäftigen Sie sich damit, fortwährend über Ihren Partner nachzudenken, wie einzigartig er doch war?	ja/nein

Grübeln Sie darüber nach, warum Ihr Partner gegangen ist? ja/nein

Was hat es mit unseren Selbstzweifeln auf sich?

Zunächst einmal ist es normal und menschlich, verletzt und gekränkt zu sein, wenn ein Mensch, der uns wichtig ist, sich von uns trennt. Viele Menschen verfallen jedoch nach einer Trennung in sehr starke Selbstvorwürfe und Selbstzweifel. Sie stellen sich immer wieder die Frage: „Was habe ich falsch gemacht?". Sie äußern Gedanken wie: „Warum liebst du mich nicht mehr? Sage mir, was dir an mir nicht gefällt, und ich werde mich ändern.".

Sie sehen den Grund für die Trennung einzig und allein in ihrer eigenen Person und beginnen, sich selbst zu verurteilen und abzuwerten. Sie sagen sich: „Ich bin schuld an der Trennung. Ich bin nicht in Ordnung, wie ich bin.", „Ich bin nicht liebenswert.". Wenn unser Partner uns verläßt, dann ist es ganz natürlich, eine Erklärung dafür finden zu wollen. Häufig steht der Partner hierfür nicht mehr zur Verfügung. Aber selbst wenn er uns unsere Fragen nach dem Grund der Trennung beantwortet, können wir nicht sicher sein, daß er die Wahrheit sagt.

Es gibt keine Erklärung für die Trennung, die uns auf Anhieb richtig und gefühlsmäßig nachvollziehbar erscheint - denn sonst hätten wir die Trennung initiiert. Begründet der Partner die Trennung damit, daß er uns noch mag, aber nicht mehr mit uns zusammenleben will, glauben wir ihm nicht: „Denn warum sollte er sich trennen, wenn er uns noch mag?". Gibt er uns die Schuld für die Trennung, weil wir zu wenig mit ihm ins Bett gegangen seien, immer an ihm genörgelt hätten oder er sich von uns geklammert fühlte, dann entstehen bei uns starke Selbstzweifel. Wir beginnen, uns innerlich abzuwerten, was wir alles falsch gemacht hätten, daß wir unfähig seien, einen Partner zu halten, unattraktiv, häßlich, nicht vorzeigbar seien, etc. Trennte sich der Partner wegen einem neuen Partner, zweifeln wir noch stärker an uns selbst, „nicht gut genug zu sein".

Sind wir schon immer wenig überzeugt von uns und unseren Qualitäten gewesen, sind die Selbstzweifel umso größer. War die Partnerschaft schon vor dem Ende schlecht und der Partner kritisierte uns häufig und beschimpfte uns als unfähigen und schlechten Partner, so sind wir nach der Trennung völlig ohne Vertrauen in uns und unsere Fähigkeiten. Die Folge davon sind Selbsthaß, Minderwertigkeitsgefühle und Depressionen.

Statt unsere Person ständig vollkommen in Frage zu stellen und uns die alleinige Schuld für die Trennung zu geben, sollten wir uns mit folgenden Fragen befassen: „Was ist in unserer Partnerschaft schiefgelaufen?" „Welchen Anteil hat jeder von uns beiden am Scheitern der Partnerschaft?" „Wie haben sich mein Partner und ich verändert, daß sich unsere Partnerschaft so unbefriedigend entwickelt hat?"

Das Auseinanderbrechen einer Partnerschaft ist niemals die Verantwortung einer einzelnen Person. Stets sind beide Partner daran beteiligt. Beide Partner bringen ihre Vorstellungen, Erwartungen und Lebenseinstellungen mit in die Partnerschaft. Nur wenn die Erwartungen in den wichtigsten Punkten übereinstimmen, ist die Partnerschaft harmonisch und erfolgreich. Selbst wenn die Partnerschaft am Anfang für beide Partner zufriedenstellend war, kann sich dieser Zustand wandeln.

Beide Partner können sich während der Partnerschaft verändern. Arbeitsplatzwechsel, Geburt eines Kindes, Krankheit, der Eintritt in eine Partei, ein neues Hobby, ein neuer Freundeskreis, das Älterwerden, der Besuch einer weiterbildenden Schule, der Auszug der Kinder, finanzielle Sorgen, der Bau eines Hauses, der Aufbau einer Firma können ganz entscheidend in die Harmonie einer Partnerschaft eingreifen und die Partnerschaft sogar zum Scheitern bringen.

Das Ende Ihrer Partnerschaft bedeutet nicht, daß Sie nicht liebenswert und nicht gut genug sind. Zum Zeitpunkt Ihres Kennenlernens konnten Ihr Partner und Sie sich gegenseitig Wünsche und Bedürfnisse erfüllen. Ihr Partner hat jedoch seine Bedürfnisse im Laufe seines Lebens verändert. Und da Ihre Eigenschaften und Fähigkeiten nicht mehr dem entsprachen, was sich Ihr Partner von einer Partnerin wünscht, wurde er unzufrieden und hat die Beziehung abgebrochen. Die Partnerschaft endet nicht *wegen* Ihnen, sondern weil Ihre Eigenschaften und seine Erwartungen nicht mehr zusammenpassen. Das war zu Beginn Ihrer Partnerschaft nicht vorhersehbar, denn sonst hätten Sie sich nicht füreinander entschieden. Die Tatsache, daß Ihr Partner nicht mehr mit Ihnen zusammenleben möchte, heißt nicht, daß Sie kein guter Partner sind. Kein anderer Mensch kann ein Maßstab dafür sein, ob Sie gut oder schlecht, fähig oder unfähig sind.

Die Trennung bringt nur sehr deutlich zum Ausdruck, daß Ihr Partner seine Wunschvorstellungen und Bedürfnisse verändert hat. Möglicherweise hatten Sie auch all die Jahre einige Dinge an Ihrem Partner auszusetzen. Sie haben diese lediglich nicht als so wichtig angesehen oder hatten zu große Angst vor dem Alleinleben, um die Partnerschaft zu beenden.

Hören Sie auf, sich aufgrund der Trennung abzuwerten und sich schuldig zu fühlen. Gleichgültig, wieviele Trennungen Sie schon erlebt haben, Sie sind ein liebenswerter, wertvoller Mensch, der fähig ist, Liebe zu geben und zu empfangen. Sie sind einzigartig und können anderen etwas Besonderes geben, wenn diese es annehmen. Ihr Partner möchte Ihre Fähigkeiten und Ihre Liebe jetzt nicht mehr annehmen.

Wie entstehen Schuldgefühle?

Lassen Sie uns nun näher auf die Schuldgefühle eingehen. Wenn wir geboren werden, kennen wir den Unterschied zwischen gut und schlecht, falsch und richtig, etc. noch nicht. Unsere Eltern vermitteln uns im Laufe unserer Kindheit, was sie für gut und schlecht halten. Sie verwenden hierzu Lob, Anerkennung, Tadel, Beschimpfung, Schläge, Mißachtung, etc. Tun wir etwas, was in den Augen der Eltern falsch ist, so erwarten sie von uns, daß wir uns schämen, schlecht fühlen und selbst verurteilen. Sie verwenden Schuldgefühle als Mittel zur Erziehung. Sind wir erwachsen, setzen wir bei uns selbst Schuldgefühle als Mittel ein, um uns zu bestrafen. Wir messen uns und unser Verhalten meist automatisch an den Maßstäben unserer Eltern, ohne diese nochmals bewußt zu überprüfen, ob sie noch für uns passen.

Wenn Sie denken: „Ich hätte besser, anders ... zu meinem Partner sein sollen, als ich es war.", „In unserer Familie hat es noch nie eine Scheidung gegeben, es ist mein Versagen. Das hätte mir nicht passieren dürfen.", erzeugen Sie sich massive Schuldgefühle. Das haben Sie nicht verdient, sich so zu bestrafen. Sie haben schon genug damit zu tun, Ihr Leben ohne Partner neu zu organisieren. Schuldgefühle machen Ihnen diese Umstellung nur noch schwerer.

Schuldgefühle sind vollkommen überflüssig und sinnlos. Sie ändern durch Schuldgefühle Ihr vergangenes Verhalten nicht mehr und lähmen sich jetzt, sich auf die neue Situation einzustellen. Sie haben in der Vergangenheit das getan, was Ihnen aufgrund Ihrer Lebensgeschichte und Ihrer Lebenseinstellungen möglich war. Das ist alles, was Sie tun konnten - auch wenn sich im nachhinein zeigt, daß ein anderes Verhalten vielleicht passender gewesen wäre. Sie können Ihren Partner jetzt durch Ihre Schuldgefühle weder halten, noch zurückgewinnen. Er bestimmt einzig und allein über sein Verhalten und seine Gefühle. Sie können nur über Ihr Verhalten und Ihre Gefühle bestimmen. Es ist in Ordnung, bestimmte Reaktionen und Verhaltensweisen zu bedauern, aber nicht, sich dafür zu verurteilen.

Höchstwahrscheinlich leidet auch Ihr Partner unter Schuldgefühlen. Er möchte sich zwar trennen, aber Sie dabei nicht unglücklich sehen.

Ihm wäre es am liebsten, Sie würden Ihr Einverständnis mit der Trennung signalisieren und ohne ihn glücklich sein. Aufgrund seiner Schuldgefühle bietet er Ihnen vielleicht eine Freundschaft an und die Versicherung, daß er immer für Sie da sei, wenn Sie ihn bräuchten. Vielfach führen ihn die Schuldgefühle auch dazu, besonders nett zu sein oder sogar wieder zurückzukehren. Für Sie, der Sie lernen wollen, mit der Trennung umzugehen, kann dies verheerende Auswirkungen haben. Sie könnten sich wieder zurück in das Stadium der Hoffnung begeben, ohne daß eine neue Perspektive für die Partnerschaft da wäre.

Kehren wir zurück zu Ihren Schuldgefühlen. Ich weiß, daß es schwierig ist, Schuldgefühle abzubauen. Solange Sie denken, daß Sie etwas falsch gemacht haben und die Beziehung hätten retten können, wenn Sie sich nur anders verhalten hätten, lösen Sie Schuldgefühle bei sich aus. Und solange Sie Schuldgefühle verspüren, neigen Sie auch dazu, zu glauben, daß Sie wirklich schuld haben. Aber denken Sie daran: Ihre Gefühle werden nur durch Ihre Gedanken bestimmt und nicht durch das, was wirklich passiert ist. Konkret heißt das: Sie brauchen nur zu denken, schuld zu sein, und schon fühlen Sie sich schuldig. Und wenn Sie sich schuldig fühlen, glauben Sie, tatsächlich schuld zu haben.

Ändern können Sie diesen Kreislauf nur, indem Sie sich immer wieder deutlich machen: Für das Ende unserer Partnerschaft sind wir beide verantwortlich. Wir haben beide unser Bestes gegeben. Das Verhalten eines Partners führt nur dann zu Schwierigkeiten in der Partnerschaft, wenn der andere Partner nicht damit umgehen kann und sich nicht darauf einstellen kann oder will.

Ignorieren Sie „das Gefühl, sich zu belügen", das bei diesen Gedanken in Ihnen aufkommt. Es ist normal, denn Sie haben sich schon so häufig eingeredet, daß Sie schuld sind. Deshalb braucht es eine Weile, bis es verschwindet.

Wie können Sie
Ihre Schuldgefühle und Selbstzweifel abbauen?

1. Akzeptieren Sie, was auch immer Sie in der Partnerschaft gesagt oder getan haben, als geschehen. Die Vergangenheit ist aus und vorbei. Es ist in Ordnung, wenn Ihnen leid tut, was Sie gesagt und getan haben. Sie brauchen sich dafür nicht zu verurteilen. Was Sie getan haben, war alles, was Sie tun konnten. Sie reagierten so, wie Sie es aufgrund Ihrer Lebenseinstellung und Erfahrungen konnten - mit dem Wissen und den Fähigkeiten, die Ihnen zur Zeit der Partnerschaft zur Verfügung standen. Sie alleine hätten mit einem anderen Verhalten die Beziehung nicht retten können. Hierzu sind Sie und Ihr Partner notwendig. Man könnte sogar sagen, Sie haben gewaltige Allmachtsphantasien, wenn Sie denken, Sie könnten einen anderen Menschen durch Ihr Verhalten steuern.

Sie hätten durch ein anderes Verhalten gleich welcher Art Ihren Partner nicht gegen seinen Willen halten können. Ihr Partner bestimmt, welchen Einfluß Sie auf sein Verhalten haben.

2. Nehmen Sie Ihr Tagebuch zur Hand. Schreiben Sie zunächst einmal all das auf, was Sie sich vorwerfen, nicht gesagt oder getan zu haben, oder nicht hätten sagen oder tun dürfen, als die Partnerschaft noch bestand. Schreiben Sie auf: „Ich werfe mir vor, daß ich ... Ich gebe mir die Schuld, daß ich ..." Dann korrigieren Sie Ihre Vorwürfe: „Es tut mir leid, daß ich ... Ich bedauere, daß ich ... Ich war nicht fähig, anders zu handeln. Ich habe getan, was mir möglich war.".

3. Überlegen Sie, anstatt sich Schuldgefühle zu machen, wie Sie in Zukunft Fehler von Ihrer Seite aus vermeiden können, und arbeiten Sie an Ihrer persönlichen Entwicklung. Fragen Sie sich, was Sie aus Ihrer Beziehung gelernt haben, und setzen Sie Ihr Wissen in der nächsten Beziehung ein.

4. Wenn Sie dennoch meinen, sich unbedingt Schuldgefühle machen zu müssen, dann nehmen Sie sich für die nächsten 4 Wochen täglich 20 Minuten Zeit. In dieser Zeit sollten Sie sich nur damit beschäftigen, sich Schuldgefühle zu erzeugen - aber wirklich nur in diesem eng umgrenzten Zeitraum.

5. Sammeln Sie auf einem Ihrer Spaziergänge fünfmarkstück-große Steine und zwar so viele, wie Sie Vorwürfe sich selbst gegenüber haben; also pro Vorwurf 1 Stein. Nun tragen Sie die Steine bei jedem Spaziergang mit sich herum. Auf diese Weise führen Sie sich deutlicher vor Augen, welche Last Sie freiwillig auf sich laden.

6. Zu einer Trennung tragen immer zwei Personen bei. Die Tatsache, daß Ihr Partner Sie verlassen hat, sagt überhaupt nichts darüber aus, ob Sie liebenswert sind oder nicht. Sie sind ein Mensch mit Stärken und Schwächen, der bei den Menschen ankommt, die bereit sind, Ihre Angebote anzunehmen.

7. Rufen Sie sich, wann immer Sie sich sagen: „Mein Partner hat mich verlassen. Das bedeutet, ich bin unattraktiv, häßlich, dumm, habe nichts zu bieten, bin nicht gut genug.", in Erinnerung: Sie sind liebenswert und besitzen Stärken und Schwächen. Ihr Partner hat Sie verlassen, weil Sie aus seiner Sicht nicht mehr zu ihm gepaßt haben. Seine Vorstellungen von Partnerschaft waren nicht mehr erfüllt. Er hat Sie nicht verlassen, weil *Sie* unattraktiv, dumm, etc. sind, sondern weil *er* seine Vorstellungen verändert hat.

8. Überprüfen Sie Ihren Fortschritt, indem Sie nochmals die Fragen zu Beginn des Kapitels durchgehen. Je mehr Fragen Sie mit „nein", „seltener" oder „teilweise" beantworten können, desto mehr Fortschritte haben Sie bereits erzielt.

Wut und Haß auf den Partner

„Wie kann er mir so etwas antun!"

wie kannst du mir so wehtun
wut
angst, mich nicht beherrschen zu können
du ahnst nicht
wieviel gewalt du in mir entfesselt hast -
paß auf dich auf
daß du mir nicht begegnest
du wirst mich nicht wiedererkennen

Herr Manfred M., 35 Jahre alt, kam auf Anraten seines Hausarztes in Therapie. Er litt unter starker innerer Unruhe, Magenschmerzen und Appetitverlust. In den letzten 4 Wochen hatte er 6 kg abgenommen. Er war seit 14 Jahren verheiratet und hatte 3 Kinder. Im Laufe seiner Ehe hatte er in Eigenarbeit ein Haus gebaut und jede freie Minute für die Familie geopfert.

In der ersten Therapiestunde erzählte er mir, daß er vor 2 Jahren seine Frau beim Fremdgehen ertappt habe. Er habe dortmals sehr wütend reagiert und sie zur Rede gestellt. Da ihm seine Familie sehr wichtig sei, habe er sich bemüht, seiner Frau diesen Fehltritt zu verzeihen und wieder zu vertrauen. Aber er habe immer wieder mit Eifersucht und Mißtrauen zu kämpfen gehabt.

Vor drei Monaten habe ihm seine Frau plötzlich eröffnet, daß sie sich von ihm scheiden lasse. Sie würde mit den Kindern ganz gut alleine zurechtkommen. Sie könne seine Eifersüchteleien und Kontrollen nicht mehr ertragen. Herr M. betonte mir gegenüber immer wieder: „Ich bin doch im Recht. Sie hat doch angefangen, fremdzugehen und die Ehe kaputtzumachen. Ich kann doch nicht zuschauen, wie sie mir Hörner aufsetzt. Da muß ich doch eifersüchtig sein. Jetzt bemühe ich mich, trotzdem eine gute Ehe zu führen, und sie stellt mir den Stuhl vor die Tür. Wenn jemand einen Grund hätte, zu gehen, dann doch ich. Es ist nicht richtig, daß sie einfach geht, ohne mir eine Chance zu geben. Aber so einfach kann sie es sich nicht machen. Das lasse ich mir nicht bieten. Sie wird keinen glücklichen Tag mehr mit den Kindern haben!"

Herr M. verspürte starken Haß auf seine Frau und dieser äußerte sich überwiegend in körperlichen Beschwerden. Er befand sich in Phase II der Trennungserfahrung.

Wenn Sie mehrere der folgenden Fragen mit „ja" beantworten können, dann haben Sie ebenfalls eine gehörige Portion Wut und Haß in Ihrem Körper. Vielleicht spüren Sie diese Gefühle nicht als Wut, sondern eher als Anspannung und innere Unruhe.

Beschäftigen Sie sich ständig in Gedanken damit, wie Sie es Ihrem Partner heimzahlen können?	ja/nein
Machen Sie Ihren Partner bei Freunden und Geschäftskollegen schlecht?	ja/nein
Beschimpfen Sie Ihren Partner in Ihrer Phantasie oder im Alltag mit Schimpfwörtern wie „Der Schuft, der gemeine Hund, usw."?	ja/nein
Denken Sie häufig: „Wie kann er mir so etwas antun! Er hat mich reingelegt, gedemütigt, betrogen, um Jahre meines Lebens gebracht, ruiniert, etc.!"?	ja/nein
Stellen Sie sich in der Phantasie vor, wie Sie sich umbringen und Ihr Partner vor lauter Schuldgefühle seines Lebens nicht mehr froh wird?	ja/nein
Machen Sie Ihrem Partner das Leben schwer, indem Sie ihm kein Geld geben, seine Möbel auf die Straße werfen, ihm die Kinder nicht geben, ihn nachts per Telefon wecken, „schlimme" Briefe schreiben, etc.?	ja/nein

Versuchen Sie, Ihren Partner zu bestrafen, indem Sie mit Selbstmord drohen oder zeigen, wie schlecht es Ihnen geht? ja/nein

Versuchen Sie möglichst viele gemeinsame Freunde auf Ihre Seite zu bringen? ja/nein

Geben Sie Ihrem Partner die alleinige Schuld am Scheitern der Partnerschaft? ja/nein

Wünschen Sie Ihrem Partner einen Autounfall, eine schwere Krankheit oder einen „Reinfall" mit seinem neuen Partner? ja/nein

Die Wut und den Haß in Ihrem Körper erzeugen Sie selbst. Gedanken wie: „Wie kann er mir so etwas antun. Ich habe ihm meine besten Jahre geopfert!", „Nach all dem, was ich für ihn getan habe, sollte er mir so etwas nicht antun!", „Dieser gemeine Schuft, Hund ...! Wegen ihm habe ich all die Jahre auf ... verzichtet!", „So lasse ich nicht mit mir umgehen!", „Der wird schon merken, wie weit er damit kommt!", „Der wird schon reumütig an mich zurückdenken!", „Dem werde ich zeigen, daß ich auch noch ein Wörtchen mitzureden habe!", führen zu Wut und Haß.

Bei Wut und Haß stehen immer Forderungen dahinter wie: „Etwas sollte anders sein, als es ist!" oder „Jemand sollte sich anders verhalten, als er es getan hat oder tut." „Der andere darf sich nicht so verhalten, wie er sich verhält, weil ich es nicht will."

Wut und das noch stärkere und länger anhaltende Gefühl Haß treten dann auf, wenn in unserem Leben etwas passiert, das gegen unsere Erwartungen verläuft, und von dem wir überzeugt sind, daß wir es unbedingt „in unserem Sinne haben müssen". Dinge, die entgegengesetzt unserer Erwartungen verlaufen, aber in unseren Augen nicht unbedingt notwendig für uns sind, führen zwar auch zu Enttäuschung, aber nicht zu Wut oder gar Haß.

Wann immer wir uns ärgern, fühlen wir uns von einem Menschen zu Unrecht angegriffen. Wir sehen im Verhalten des anderen eine Bedrohung, gegen die wir uns verteidigen müssen. Wir sehen im Verhalten des anderen einen „niederträchtigen" und „gemeinen" Angriff auf unsere Person. Wir sehen uns in unseren Erwartungen und unserem Gerechtigkeitsdenken in Frage gestellt. Die Ärgerreaktion ist ein Überbleibsel unserer tierischen Vorfahren. Um bei Gefahr flüchten oder kämpfen zu können, benötigten unsere tierischen Vorfahren körperliche Anspannung. Wir Menschen bekommen heute die gleiche Anspannung, auch dann, wenn wir nicht unser Leben, sondern nur unsere Selbstachtung und unser Weltbild bedroht sehen. Solange der andere uns jedoch nicht körperlich angreift, brauchen wir in Wirklichkeit keinen Ärger zu haben. Unser Ärger zeigt uns nur an, wie wenig wir von uns selbst halten und wie viel wir von anderen erwarten.

Lesen wir aus den Worten und dem Verhalten des anderen heraus, daß er uns für dumm, blöd, unattraktiv hält, und werden ärgerlich, so sagt das auch aus, daß wir uns selbst für dumm und unattraktiv halten. Wir würden uns nicht so getroffen fühlen und die Worte des anderen einfach als seine Meinung betrachten, wenn wir von uns überzeugt wären. Je stärker unsere Ärgerreaktionen sind, desto mehr hat der andere unseren wunden Punkt getroffen.

Da die meisten Menschen eine Partnerschaft eingehen, weil sie glauben, einen Partner zu brauchen, müssen sie Wut und Haß gegenüber dem Partner verspüren, wenn dieser sie verläßt. Sie haben sich in Abhängigkeit vom Partner gebracht und sehen sich durch die Trennung angegriffen, bedroht oder gar in Lebensgefahr gebracht. Diese Menschen sind fest davon überzeugt, daß der Partner ihnen so etwas nicht antun darf. Sie erleben sich machtlos und außer Kontrolle über den Partner.

Wenn der Partner sich getrennt hat, um mit einem anderen Menschen zusammenzuleben, sind viele Menschen auf den neuen Partner zornig anstatt auf ihren Partner. Zum einen können sie sich dadurch ihre Liebe zum Partner erhalten, zum anderen fühlen sie sich durch die Trennung auch nicht so stark in ihrem Selbstwertgefühl bedroht. Sie denken: „Wenn diese Frau/dieser Mann ihn nicht verführt hätte, dann wären wir ja noch zusammen. Der andere ist schuld an unserer Trennung.". Sie vergessen dabei, daß zwei Menschen dazugehören, um eine Beziehung einzugehen. Ihr Partner mußte sich zuerst offen machen, um sich von einem anderen Partner angesprochen zu fühlen. Ihr Partner war schon unzufrieden mit der Partnerschaft, bevor er Kontakt zu einem anderen aufgenommen hat oder auf dessen Kontaktangebot eingegangen ist.

Viele Menschen, insbesondere Frauen, reagieren in der Phase II nicht direkt mit Wut, sondern mit Panikattacken, Depressionen und psychosomatischen Störungen wie Kopfschmerzen, Verspannungen, Magengeschwüren oder Herzstechen. Wut wird in diesen Fällen nicht ausgedrückt, sondern im Innern behalten. Wir können dadurch zwar Konflikte mit der Umwelt vermeiden, aber schaden uns selbst.

Die Wut direkt gegenüber dem Partner rauszulassen ist genausowenig empfehlenswert, wie sie zu unterdrücken. Wutanfälle gegenüber dem Partner führen meist zu einem gegenseitigen Hochschaukeln der Gefühle und zu einer Steigerung der Vorwürfe. Ebenfalls wenig hilfreich sind indirekte Wege. Häufig sind auch die Kinder ein Mittel, um die Wut gegenüber dem Partner zu zeigen; z.B. bei der Einhaltung der Besuchsregelung, oder wenn man vor den Kindern schlecht über den Partner spricht, oder die Zahlung des Unterhalts zurückhält. Es geht dann nicht mehr um die Frage: „Was ist das Beste für die Kinder?", sondern darum: „Wie zahle ich es meinem Partner heim?". Da diese Verhaltensweisen für die seelische Gesundheit der Kinder ausgesprochen schädlich sind, ist es besser, konstruktive Möglichkeiten zu lernen, um seine Wut auszudrücken.

Aber die Wut hat auch Positives zur Folge. Zum einen ist die Wut ein Zeichen von Aktivität und Verteidigung, zum anderen hilft uns die Wut dabei, uns von der geliebten Person innerlich loszulösen. Wir können Liebe und Wut nicht gleichzeitig empfinden, denn diese Gefühle sind unvereinbar. Wenn wir auf den Partner wütend sind, können wir ihn nicht gleichzeitig lieben. Wut zu empfinden bedeutet also einen Fortschritt auf dem Weg zur Loslösung.

Spüren Sie Wut und Haß in Ihrem Körper? Dann können Ihre Gefühle so stark und bitter sein, wie Sie es noch niemals zuvor erlebt haben. Freunde und Außenstehende können Ihre Gefühlsreaktionen sehr häufig nicht nachvollziehen. Ja, vielleicht sind Sie diesen gegenüber auch unleidlich, gereizt und launisch.

Ihre Gefühle der Wut und des Hasses sind menschlich. Je stärker Sie sich gefühlsmäßig auf den Partner eingelassen, „für ihn gelebt", auf vieles verzichtet und sich damit von ihm abhängig gemacht haben, desto stärker sind Wut und Haß. Wut und Haß können so stark sein, daß Sie Ihrem Partner „alles Böse" an den Hals wünschen und ihn am liebsten umbringen würden. In der Phantasie haben Sie es vielleicht schon getan.

Verurteilen Sie sich nicht für diese negativen Gedanken und Gefühle. Sie haben ein Recht darauf, wütend zu sein. Erlauben Sie sich, Ihren Haß zu verspüren, aber verbieten Sie sich, ihn auf gewaltsame und schädliche Weise auszudrücken.

Es ist weder sinnvoll, die Wut zu unterdrücken, noch sie so nach außen zu bringen, daß andere oder Sie selbst zu Schaden kommen. Akzeptieren Sie zunächst Ihre Wut und Ihren Haß. Sie können dann entscheiden, wie lange Sie Ihre Wut behalten wollen.

Über Ihre Gefühle können Sie bestimmen. Sie können nicht über das Verhalten Ihres Partners bestimmen. Ihr Partner hat sich von Ihnen getrennt, aber er ist nicht schuld an Ihren Gefühlen. Sie hatten die

Erwartung, daß der Partner für immer bei Ihnen bleibt. Vielleicht hat er es Ihnen auch versprochen. Sie glauben, ihn für Ihre Zufriedenheit zu brauchen. Nur deshalb fühlen Sie sich bedroht. Die Wut zeigt, daß Sie versuchen, Kontrolle über die Situation zu bekommen. Sie wollen sich gegen das „Unrecht, das Ihnen angetan wurde", wehren. Sie wollen das zurückholen, was Ihnen „weggenommen" wurde.

Menschen, die ihre Wut nicht ausdrücken können, verlängern den Loslösungsprozeß. Sie werden den Ärger in ihrem Innern behalten, Depressionen verspüren, steckenbleiben und unfähig sein, die starken Liebesgefühle zum Partner zu beenden. Wenn wir unseren Körper schon einmal durch ärgerliche Gedanken und Forderungen in Alarmzustand versetzt haben, so sollten wir diese Energie auch nutzen.

Wie können Sie besser mit Wut und Haß auf den Partner umgehen?

1. Akzeptieren Sie Ihre Wut- und Haßgefühle.
Sie haben sie durch Ihre Gedanken geschaffen. Sie werden nicht dadurch verschwinden, daß Sie sie unterdrücken oder sich dafür verurteilen. Wutgefühle zu haben, ist menschlich. Es ist in Ordnung, wütend zu sein, auch wenn Ihre Eltern es Ihnen früher vielleicht verboten haben. Jetzt im Augenblick müssen Sie Wut und Haß empfinden, wenn Ihr Partner Sie verlassen hat und Sie sich nicht trennen wollen. Sagen Sie sich: „Ich bin wütend und bereit, meine Wut zu akzeptieren für den Augenblick.".

Sie können Ihre Wut und den Haß langfristig abbauen, indem Sie die Einstellungen verändern, die sie erzeugen. Es sind Einstellungen wie z.B.: „Mein Partner darf mich nicht verlassen. Er hat es mir versprochen. Das darf er mir nicht antun. Er darf mich nicht sitzenlassen. Der gemeine Fiesling. Er hat mich belogen und gemein hintergangen. So kann man mit mir nicht umspringen!". Jetzt im Augenblick, wenn diese starken Gefühle schon in Ihrem Innern entstanden sind, ist es notwendig, sie erst einmal zuzulassen und auszudrücken. Deshalb schlage ich Ihnen als nächsten Schritt vor:

2. Lernen Sie, Wut und Haß auf für Sie und die Umwelt unschädliche Weise auszudrücken.
a) Nehmen Sie sich Zeit für Vorstellungsübungen. Malen Sie sich in Ihrer Phantasie aus, wie Sie Ihren Partner beschimpfen und bestrafen. Machen Sie diese Vorstellungsübungen so lange, bis Ihre Wut nachläßt.

Indem Sie solche Vorstellungsübungen machen, erfahren Sie fast genausoviel Befriedigung, wie wenn Sie tatsächlich den Racheakt ausführen würden. Untersuchungen über unsere Phantasie haben gezeigt, daß unser Körper auf die Vorstellung genauso reagiert wie auf tatsächliche Ereignisse. Sie fühlen sich also durch Vorstellungsübungen befreit. Dabei haben Sie aber den Vorteil, daß Sie nichts ins Rollen bringen, was Ihnen später mit Sicherheit leid tun würde und nur erneut Schuldgefühle zur Folge hätte.

Wenn Sie sich nicht zutrauen, diese Vorstellungsübungen nur auf die Phantasie zu beschränken, sondern Ihre Phantasien dann tatsächlich in die Tat umsetzen würden, wählen Sie lieber einen der folgenden Wege.

Vorsicht, anfangs mögen Ihnen die folgenden Möglichkeiten, Ärger auszudrücken, gekünstelt erscheinen. Bei vielen Menschen sperrt sich innerlich alles dagegen, wütend zu reagieren, weil es bisher in ihrem Leben verboten war. Tun Sie zunächst einfach so, als ob Sie in eine fremde Rolle hineinschlüpfen. Mit der Zeit werden Sie vergessen, daß es eine gespielte Übung ist. Dann werden Sie sich „echt" fühlen.

b) Nehmen Sie Eiswürfel aus dem Eisfach und schleudern Sie diese auf den Boden in Ihrem Badezimmer. Schreien Sie bei jedem Wurf einen Vorwurf an Ihren Partner heraus. Eiswürfel klirren wie Glas, haben dabei aber den Vorteil, daß sie keinen Schmutz erzeugen. Übergehen Sie bei dieser Übung das anfängliche „Gefühl, es sei albern, so etwas zu tun".

c) Fahren Sie mit Ihrem Auto an einen menschenleeren Ort und schließen Sie die Fenster. Schreien Sie all Ihren Ärger heraus. Im Auto kann Sie niemand hören.

d) Schreiben Sie einen Brief an den Chef Ihres Partners, eine Behörde oder dessen Eltern, in dem Sie all Ihre Vorwürfe an Ihren Partner formulieren. Schicken Sie diesen Brief jedoch nicht ab!!! Verbrennen Sie ihn stattdessen oder reißen Sie ihn in ganz kleine Stücke.

Durch das Schreiben solcher Briefe kommen Sie aus Ihrer Opferrolle heraus. Sie können Ihren Rachephantasien freien Lauf lassen und werden sich mit der Zeit wieder konstruktiveren Dingen zuwenden können.

e) Betreiben Sie körperliche Aktivitäten. Putzen Sie Ihre Wohnung, graben Sie den Garten um, joggen Sie oder fahren Sie Fahrrad. Sie können die Wirkung dieser Aktivität noch verstärken, indem Sie sich z.B. vorstellen, der Tennisball sei der Kopf Ihres Partners, oder aber beim Joggen würden Sie den Partner in den Boden stampfen.

f) Stellen Sie einen leeren Stuhl vor sich auf. Nun stellen Sie sich vor, Ihr Partner sitze vor Ihnen. Sprechen Sie all die Dinge aus, die Sie ihm vorwerfen. Lassen Sie Ihrer Wut freien Lauf. Benutzen Sie die schlimmsten Schimpfwörter, wenn Ihnen danach ist.

g) Sprechen Sie Ihre Vorwürfe, Anklagen und Beschimpfungen auf Tonband. Beginnen Sie dabei jeden Satz mit: „Ich fühle mich dadurch verletzt, daß Du ... , und dafür möchte ich mich rächen!".

h) Notieren Sie in Ihrem Tagebuch all die Vorwürfe, die Sie Ihrem Partner machen, all die Situationen, in denen Sie sich verletzt, gekränkt und ungerecht behandelt fühlten. Beginnen Sie jeden Vorwurf mit dem Satz: „Ich bin wütend, daß du ...! Ich war verletzt, als du ...!".

Probieren Sie die Übungen a bis h nacheinander aus. Bei den

Übungen werden Sie Wut und innere Spannung verspüren, bei der einen mehr, bei der anderen weniger. Es ist in Ordnung und gut für den Körper, diese Gefühle auszudrücken. Sie schaden niemandem damit und für Sie ist es eine Entlastung. Prüfen Sie, welche die geeignete Methode für Sie ist. Diese Methode der Wahl führen Sie solange immer wieder zu verschiedenen Zeitpunkten durch, bis Sie bemerken, daß sie Ihnen nichts mehr gibt und Sie nichts mehr zu sagen haben. Ab einem bestimmten Zeitpunkt werden Sie sich innerlich ruhig dabei fühlen. Sie können diese Strategien in Zukunft auch auf jede andere Situation, in der Sie wütend sind, anwenden.

3. Wut und Haß zu empfinden ist eine absolut notwendige Phase auf dem Weg der Loslösung. Falls Sie keines dieser Gefühle verspüren, kann das damit zu tun haben, daß Sie sich diese Gefühle noch verbieten oder bisher immer in Ihrem Leben verboten haben.

4. Überprüfen Sie Ihren Fortschritt, indem Sie die Fragen zu Beginn des Abschnitts nochmals durchgehen. Je mehr Fragen Sie mit „nein" oder „seltener" beantworten können, um so mehr Fortschritte haben Sie bereits erzielt.

Wut und Haß auf sich selbst

„Wie konnte ich mich so verhalten!"

Immer wieder
ich schaffe es nicht
das Spiel zu unterbrechen
ich muß ihn einfach anrufen
seine Stimme hören -
Kopf und Bauch
es siegt der Bauch -
abtrennen müßte man ihn können

Frau Ilse J., 28 Jahre alt, kam wegen ständiger Anspannung und Stimmungsschwankungen in Therapie. Mal war sie sehr depressiv und mutlos, mal voller Anspannung und Gereiztheit. Körperliche Beschwerden zeigten sich in Atemnot und einem ständigen Druckgefühl in der Brust. Sie hatte sich angewöhnt, jeden Abend eine Flasche Wein zu trinken, um ruhiger zu werden und überhaupt mal abschalten zu können.

Frau J. hatte 6 Jahre lang mit ihrem Partner zusammengelebt. Dieser hatte ihr vor drei Monaten mitgeteilt, daß er sich noch nicht reif für eine feste Bindung sehe und sich von ihr trennen wolle. Sie könne ruhig in der gemeinsamen Wohnung bleiben, er würde ausziehen. Jetzt war er ausgezogen, und sie war jeden Abend alleine. Tagsüber an ihrer Arbeitsstelle konnte sie etwas abschalten, wenngleich sie sehr unkonzentriert arbeitete. Aber in dem Moment, in dem sie die Wohnungstür hinter sich zuschloß, brach alles zusammen. Sie konnte nur ruhelos in der Wohnung umherlaufen und war unfähig, im Haushalt etwas zu tun. Täglich versuchte sie, ihren Exfreund telefonisch zu erreichen, um wenigstens seine Stimme zu hören. Zweimal hatte sie ihn auch schon mitten in der Nacht angerufen. Sie hatte ihm angeboten, seine Wäsche weiterhin zu waschen. Deshalb brachte er seine Wäsche regelmäßig vorbei und holte sie auch wieder ab. Aber das war auch alles. Es kamen keine intensiven Gespräche zustande. Körperliche Berührungen und der Abschiedskuß blieben aus. Bei jedem Zusammentreffen blieb Frau J. mit dem Eindruck zurück, „nur die Putzfrau zu sein und ausgenützt zu werden". Sie verurteilte sich dafür, „so etwas nötig zu haben und sich verkaufen zu müssen". Gleichzeitig glaubte sie jedoch, es nicht ertragen zu können, ihn nicht mehr zu sehen.

Frau J. befand sich bei Therapiebeginn gerade in der Phase II. Sie haßte sich selbst für ihr Verhalten, sah sich jedoch nicht in der Lage, es zu verändern.

Wir haben im vorangegangenen Kapitel über die Phase I, die durch

Hoffnung auf Versöhnung gekennzeichnet ist, gesprochen. Immer dann, wenn wir erleben, daß sich unsere Hoffnung nicht erfüllt, kommen Enttäuschung oder Wut auf. Die Wut kann sich auf den anderen richten, der unsere Bedürfnisse nicht erfüllt, oder auf uns selbst.

Wut auf uns selbst entsteht dann, wenn wir uns Vorwürfe machen: „Wie kann ich mich nur so herablassen und mich immer noch um ihn bemühen!", „Ich müßte konsequent sein und ihm zeigen, daß ich ihn nicht brauche!", „Ich sollte das Buhlen nicht nötig haben!", „Ich sollte besser mit der Trennung umgehen können!", „Ich hätte schon längst Schluß machen sollen!", „Was habe ich blöde Kuh alles für ihn getan und geopfert!". „Ich hätte nicht mehr mit ihm ins Bett gehen dürfen!", „Ich hätte ihn heute nicht anrufen sollen!".

Grundmuster ist immer: „Ich sollte anders sein, als ich bin!" oder „Ich hätte mich anders verhalten sollen, als ich es getan habe!" Wir erwarten und fordern von uns, daß wir uns anders fühlen und verhalten sollen, als wir es tun. Wir entsprechen nicht unserem Wunschbild, das wir von uns haben. Mit jeder Forderung und jedem Vorwurf an uns lösen wir Wut in uns aus.

Auch die Wut auf uns selbst ist nicht hilfreich. Zum einen macht sie unser Verhalten, das ja in der Vergangenheit liegt, nicht mehr ungeschehen, zum anderen blockiert sie uns darin, uns in der Zukunft anders zu verhalten. Wenn wir unsere Wut auf uns selbst nicht ausdrücken, besteht die Gefahr, daß wir sie durch Alkohol oder Tabletten betäuben oder sie sich in körperlichen Beschwerden niederschlägt.

Wie können Sie besser mit Ihrer Wut auf sich selbst umgehen?

1. Akzeptieren Sie Ihre Wut und den Haß auf sich für den Augenblick.

Sie müssen im Augenblick Wut und Haß auf sich verspüren, weil Sie Gedanken haben, die Wut und Haß erzeugen. Sie erwarten mehr von sich, als Sie im Augenblick leisten können. Sie tun Ihr Bestes und müssen erst lernen, anders mit der Situation umzugehen. Wut und Haß sind normal für die Erwartungen, die Sie an sich stellen. Sie haben sich bemüht, so gut wie möglich mit der Krisensituation umzugehen. Das ist alles, was Sie tun können.

Es ist nicht sinnvoll, sich mit anderen zu vergleichen. Andere haben in ihrem Leben vielleicht schon früher Möglichkeiten gehabt, zu lernen, mit Trennung umzugehen. Es ist nicht sinnvoll, sich zu verurteilen. Sie brauchen Zeit, Übung und neue Einstellungen, um sich anders verhalten zu können. Sie haben in Ihrem Leben bis jetzt immer das getan, was Sie im betreffenden Augenblick für richtig und das Beste hielten. Bis Sie eine Einsicht in die Tat umsetzen können, benötigen Sie wie jeder andere auch Übung.

Da die Wut auf sich nach der Trennung meist sehr stark ist, ist es hilfreich, nach Möglichkeiten zu suchen, die Wut auszudrücken - und zwar in geeigneter, in für sich und andere unschädlicher Weise.

2. Lernen Sie, Ihre Wut auszudrücken. Sie können hierzu jede der Möglichkeiten verwenden, die ich vorgeschlagen habe, um die Wut auf den Partner abzubauen.

3. Lernen Sie, sich zu verzeihen.

Stellen Sie sich zuhause vor einen Spiegel und schauen Sie sich in die Augen. Dann sagen Sie laut zu sich:

„...., (Ihr Vorname) ich bin bereit, dir dein Verhalten zu verzeihen".

Lassen Sie sich nicht davon irritieren, daß Sie bei diesem Satz immer noch Wut verspüren. Wenn Sie darauf warten, daß Sie zuerst die Wut verlieren, bevor Sie sich gedanklich verzeihen, warten Sie vergebens. Sie müssen zunächst den Satz denken, bevor Sie Ihr „Einverständnis im Körper fühlen".

Vielleicht kommen bei Ihnen Einwände gegen diese Übung auf, wie etwa: „Das kann ich nicht.", „Das klappt doch nicht!", „Ich belüge mich.", „Ich verrate mich.", „Alles kann ich mir verzeihen, aber das nicht.". Akzeptieren Sie Ihre Einwände und setzen den neuen Gedanken dagegen. Wiederholen Sie diesen Satz „ ... (Ihr Vorname), ich bin bereit, dir dein Verhalten zu verzeihen.", immer wieder. Ihr Gefühl kann Ihnen nicht sagen, wann Sie bereit sind, zu verzeihen. Ihr Gefühl spiegelt lediglich das wider, was in Ihrem Kopf vor sich geht. Wenn Sie Ihrem Gefühl folgen, werden Sie Ihre Wut immer behalten. Geben Sie Ihrem Körper eine neue Anweisung, nämlich: „Ich bin bereit, zu verzeihen.". Dann wird das Gefühl mit der Zeit folgen müssen. Ihr Gefühl kann nicht anders sein, als Sie es durch Ihre Gedanken bestimmen.

4. Im folgenden habe ich noch ein paar Fragen aufgeführt, die Ihnen helfen, Wut und Haß abzubauen. Beantworten Sie diese Fragen in Ihrem Tagebuch.

a) Schreiben Sie alle Vorwürfe auf, die Sie Ihrem Partner machen. Was hat er Ihnen Ihrer Meinung nach alles angetan? Beginnen Sie jeden Satz mit: „Du hast mir angetan, daß du ...!".

b) Schreiben Sie all das auf, was Sie glauben, „für ihn" getan zu haben. Beginnen Sie jeden Satz mit: „Ich habe für Dich ... getan.".

c) Schreiben Sie all das auf, was der Partner Ihrer Meinung nach „für Sie" getan hat. Beginnen Sie jeden Satz mit :„Du hast für mich ... getan.".

Jetzt nehmen Sie sich die Antworten zu Frage a) vor. Fragen Sie sich: „Stimmt es wirklich, daß er mir das angetan hat? Oder war ich damit einverstanden? Oder konnte er sich nicht anders verhalten?"

Jetzt nehmen Sie sich die Antworten zu Frage b) vor. Fragen Sie sich: „Stimmt es wirklich, daß er mich gezwungen hat, das ... für ihn zu tun? Oder war das meine Entscheidung, weil ich mir davon auch etwas versprochen habe - Liebe, Anerkennung, Vermeidung von Streit? Oder habe ich ihm meine Wünsche überhaupt nicht mitgeteilt, so daß er sie auch nicht erfüllen konnte?"?

Betrachten Sie sich nun noch Ihre Antworten zu Frage c. Es ist wichtig, in der Bilanz auch den Blick auf die Bemühungen des Partners zu lenken.Wenn man wütend ist, dann ist man geneigt, vieles verzerrt zu sehen, falsch zu bewerten oder zu übersehen. Die Fragen a bis c sollen Ihnen dabei helfen, eine gerechte Bilanz zu erstellen. Um Wut abzubauen, ist es wichtig, sowohl seine eigene Beteiligung und Verantwortung für das Geschehen wahrzunehmen als auch das Verhalten des Partners.

Die Reaktionen unseres Körpers

„An allen Ecken und Enden tut es mir weh".

Leiden Sie seit der Trennung unter

Durchfall	ja/nein
Kopfschmerzen	ja/nein
Gewichts- und Appetitverlust	ja/nein
Freßsucht	ja/nein
Verlust an sexuellem Verlangen	ja/nein
Beklemmungen in der Brust	ja/nein
erhöhtem Blutdruck	ja/nein
Schlafstörungen	ja/nein
Konzentrationsstörungen	ja/nein
Merkfähigkeitsstörungen	ja/nein
Verstopfung	ja/nein

Allergien	ja/nein
Haarausfall	ja/nein
Verspannungen	ja/nein
häufigen Erkältungen	ja/nein
Magenschmerzen	ja/nein
Sodbrennen	ja/nein
Herzrasen	ja/nein
Weinkrämpfen	ja/nein
Schweißausbrüchen	ja/nein
eiskalten Händen und Füßen	ja/nein
innerer Unruhe	ja/nein
Apathie	ja/nein
Greifen Sie häufig zu Tabletten, Alkohol oder Zigaretten?	ja/nein
Müssen Sie häufig seufzen?	ja/nein
Passieren Ihnen häufig „Mißgeschicke": Sie stoßen sich an der Tür, verlieren den Schlüssel, fahren eine Delle ins Auto,etc.?	ja/nein

Wenn Sie eine oder mehrere dieser Fragen mit „ja" beantworten können, dann teilt Ihnen auch Ihr Körper mit, daß Sie sich in einer Krise befinden.

Niemals deutlicher als in einer Krisensituation wird uns vor Augen geführt, wie eng unser Körper und unser Geist miteinander verknüpft sind. Leider ist gerade in der Zeit, in der wir die ganzen Kräfte unseres Körpers bräuchten, dieser auch beeinträchtigt und in Mitleidenschaft gezogen. Unser Körper und unser Geist sind direkt voneinander abhängig. Deshalb möchte ich der Beschreibung dieses Zusammenhangs ein eigenes Kapitel widmen.

Jeder einzelne Gedanke in unserem Kopf erzeugt eine Reaktion in unserem Körper. Es ist für uns unmöglich, etwas zu denken und keine Reaktion im Körper zu erhalten - es sei denn, das Gehirn hat zu bestimmten Teilen des Körpers aufgrund einer Lähmung keine Verbindung mehr. Im Normalfall erzeugen ärgerliche Gedanken Ärgergefühle, die wir dann in bestimmten Körperteilen und Organen verspüren. Positive Gedanken erzeugen Gefühle der Freude und Begeisterung, neutrale Gedanken Gefühle der Ruhe und Ausgeglichenheit, die wir in unserem gesamten Körper verspüren.

Wir können uns das folgendermaßen vorstellen: Sie nehmen ein äußeres Ereignis durch Ihre Sinnesorgane (Augen, Ohren, Nase, Mund, Haut) wahr und diese Information wird an die Großhirnrinde, einen Teil des Gehirns weitergemeldet. Dort wird die Information als gefährlich, nicht von Bedeutung für uns oder positiv bewertet. Die Bewertung erfolgt auf der Basis all Ihrer gespeicherten Erfahrungen, die Sie bisher in Ihrem Leben gesammelt haben. Von der Großhirnrinde wird die Information dann an das Limbische System, einen anderen Teil des Gehirns, welcher für Ihre Gefühle zuständig ist, weitergeleitet. Das Limbische System gibt jetzt konkrete Anweisungen an Ihren Körper. Hat die Großhirnrinde das Ereignis als gefährlich oder positiv bewertet, wird Ihr gesamter Körper erregt und aktiviert. Es kommt zu einer Beschleunigung der Atmung, des Herzschlages, Blutdrucks, zu Muskelanspannung, usw. Hat die Großhirnrinde das Ereignis als nicht von Bedeutung für Sie eingestuft, bleibt Ihr Körper in der Ruhestellung. Sie fühlen sich ruhig oder, wie wir dann häufig sagen, „normal".

Unser Gehirn hat noch eine Besonderheit. Wir können selbst dann Gefühle in uns auslösen, wenn in der Umwelt überhaupt nichts passiert. Es genügt, uns auszumalen, daß etwas passiert, oder uns ein Ereignis aus der Vergangenheit in Erinnerung zu rufen. Wir sagen z.B.: „Schon allein beim Gedanken daran läuft mir das Wasser im Mund zusammen.", „Immer, wenn ich an sein unverschämtes Verhalten denke, kommt mir die Galle hoch.". Unser Gehirn kann nicht unterscheiden, ob wirklich etwas passiert oder ob wir es uns nur ausdenken. Es ist angewiesen auf unsere Gedanken und Vorstellungsbilder. Bewerten wir etwas als gefährlich, was in Wirklichkeit gar nicht gefährlich ist, dann werden wir in unserem Körper dennoch die Signale für Gefahr verspüren und uns bedroht fühlen.

Deshalb ist es wichtig, auf die Richtigkeit und Angemessenheit unserer Gedanken zu achten. Mehr darüber, wie Gedanken unsere Gefühle beeinflussen, können Sie in dem Buch: <Gefühle verstehen, Probleme bewältigen> erfahren, das ich zusammen mit Rolf Merkle geschrieben habe.

Für unser Überleben ist es absolut notwendig, daß Körper und Gehirn zusammenarbeiten. Stellen Sie sich einmal vor, Sie würden ein Geräusch hören, denken, ein Einbrecher sei in Ihrer Wohnung und Ihr Körper würde ganz, ganz ruhig bleiben. Woher würden Sie dann die Kräfte nehmen, um sich zu verteidigen, zu flüchten oder um Hilfe zu rufen?

Wenn wir ins Tierreich zurückgehen, dann zeigen Tiere bei Gefahr dieselben körperlichen Reaktionen wie wir Menschen. Sie beginnen schneller zu atmen, spannen die Muskeln an, der Herzschlag beschleunigt sich, das sexuelle Interesse vergeht, usw. Diese Körperreaktionen sind notwendig für Kampf oder Flucht. Manche Tierarten zeigen bei Gefahr auch eine entgegengesetzte Reaktion: den Totstellreflex. Sie reduzieren die körperlichen Reaktionen auf ein Minimum, sodaß sie wie tot wirken. Das Kampf- oder Fluchtverhalten der Tiere ist vergleichbar mit Aggressionen, Haß und Panik beim Menschen. Der Totstellreflex ist vergleichbar mit Depressionen und Apathie.

Unsere Gefühle, die wir verspüren, äußern sich immer körperlich. So sagen wir z.B. in der Umgangssprache

bei Wut: „Etwas schlägt mir auf den Magen."
„Mir ist schlecht vor Wut."
„Mir kommt die Galle hoch."
„Mir bleibt die Spucke weg."

„Mir ist zum Kotzen zumute."
„Das bringt mich zur Weißglut."

bei Angst: „Das treibt mir den Angstschweiß auf die Stirn."
„Mir bleibt das Herz stehen."
„Mir bleibt die Luft weg."
„Ich habe einen Kloß im Hals."
„Ich bin wie erstarrt."
„Ich mache mir in die Hose vor Angst."

Es ist unmöglich, in der Trennungskrise keine körperlichen Beschwerden zu verspüren. Die Stärke und die Stelle im Körper, an der die Beschwerden sich bemerkbar machen, ist von Mensch zu Mensch unterschiedlich. Jeder Mensch hat seinen wunden Punkt im Körper, der ihn auf Streß aufmerksam macht. Manche Menschen reagieren mit Herz-Kreislauf-Beschwerden: wie z.B. mit Bluthochdruck, Schwindel, niedrigem Blutdruck. Manche Menschen reagieren hauptsächlich mit Beschwerden im Magen-Darm-Bereich: wie z.B. mit Durchfall, Verstopfung, Sodbrennen, Magenschleimhautentzündung, einem Magengeschwür, Appetitverlust, Freßanfällen. Andere wiederum bekommen Kopf-, Rückenschmerzen oder Unterleibsbeschwerden.

Ich will nicht behaupten, daß alle körperlichen Beschwerden einzig und allein psychisch verursacht werden, aber es ist sehr, sehr häufig der Fall. Besonders Menschen, die ihre Gefühle nicht nach außen zeigen, sondern unterdrücken, neigen zu verstärkten körperlichen Beschwerden. Das ist auch ganz einsichtig, wenn man bedenkt, daß jeder Gedanke im Körper Gefühle erzeugt, und gleichzeitig beobachtet, wieviele Menschen niemals ihre Gefühle nach außen hin zeigen. Diese Menschen - und das sind insbesondere Männer, weil in unserer Gesellschaft immer noch gilt, daß Männer keine Gefühle zeigen dürfen, - machen sich z.B. ärgerliche oder angstmachende Gedanken, aber verbieten sich, diese nach außen zu zeigen. So bleibt die Anspannung im

Körper und vergiftet sozusagen den Körper. Nicht alle Menschen, die nach außen hin stark und selbstbewußt erscheinen, spüren auch in ihrem Innern Ruhe und Ausgeglichenheit.

Entscheidend für die körperliche Verfassung sind die Gedanken und Einstellungen der Menschen. Menschen, die sehr schnell dazu neigen, ein Ereignis als gefährlich anzusehen, verschaffen ihrem Körper mehr Anspannung als diejenigen, die denken: „Es gibt für jedes Problem eine Lösung und ich werde sie finden.".

Anders wie Tiere, die nur in tatsächlicher Lebensgefahr mit Kampf-, Fluchtverhalten oder Totstellreflex reagieren, haben Menschen weitaus mehr Variationsmöglichkeiten. Wir werden nur mit wenig Wissen darüber geboren, was gefährlich ist. Den Großteil unseres Wissens, was gefährlich, nicht von Bedeutung oder positiv ist, eignen wir uns in der Kindheit an. Hier spielen unsere Eltern und nächsten Bezugspersonen eine entscheidende Rolle. Wir lernen von ihnen, was wir tun dürfen, was gut und böse, richtig und falsch, gefährlich und ungefährlich ist. Wir erleben, in welchen Situationen sie ärgerlich, ängstlich, freudig, verzweifelt, etc. reagieren. Wir erleben, in welchen körperlichen Reaktionen sich ihre Gefühle zeigen, ob sie z.B. weinen, den Appetit verlieren oder rot vor Wut anlaufen. Wir erleben, wie sie mit Kritik, Fehlern, Abschied und Tod umgehen. Da wir als Kinder nur wenige Vorbilder haben, haben wir wenig Wahlmöglichkeiten, wie wir reagieren können. Wir schauen uns die Reaktionen von unseren Eltern oder anderen wichtigen Bezugspersonen ab.

Erst als erwachsene Menschen können wir diese alten, einmal erlernten Reaktionsmuster nach unseren Wünschen umgestalten - aber es kostet Zeit und Mühe. Wir müssen dabei den Umlernprozeß (siehe Kapitel 2) durchlaufen. Wir können jedoch lernen, unsere Einstellungen und damit unsere Gefühle und körperlichen Reaktionen zu verändern.

Und Sie befinden sich gerade auf diesem Weg. Die Trennungskrise zeigt Ihnen deutlich Ihre wunden Punkte. Sie zeigt Ihnen, wie groß Ihr Selbstwertgefühl ist, welche Einstellungen Sie zu sich und anderen haben, und zu welchen Gefühlen und körperlichen Reaktionen Sie in einer Krise neigen. Ihre körperlichen Beschwerden sind unausweichlich, wenn Sie eine Situation als lebensgefährlich bewerten - wie jetzt im Augenblick z.B. die Trennungssituation. Sie können die körperlichen Beschwerden durch Tabletten, Alkohol oder Essen zwar kurzfristig betäuben, aber die Beschwerden werden wieder zurückkommen.

Vermeiden Sie deshalb, sich jetzt anzugewöhnen, Schlaftabletten und Beruhigungsmittel einzunehmen oder Alkohol zu trinken. Diese Mittel bringen Ihnen zwar kurzfristig Erleichterung, lösen aber Ihre Probleme nicht. Sie verändern die Gedanken nicht, sondern schaffen nur eine Abhängigkeit. Verurteilen Sie sich nicht dafür, daß „Ihr Körper jetzt auch noch anfängt zu spinnen, wo Sie sowieso schon genug am Hals haben".

Ihr Körper kann Ihnen jetzt keine Signale geben, daß alles in Ordnung ist. Er ist das Spiegelbild Ihrer Seele. Wenn Sie wieder Harmonie in sich gefunden haben, werden die körperlichen Symptome auch aufhören.

Um Ihre Wahrnehmung für den Zusammenhang zwischen Gefühlen und körperlichen Reaktionen ein wenig zu schulen, möchte ich Ihnen jetzt die häufigsten körperlichen Symptome und die dazugehörigen Gefühle auflisten:

Gefühle	Körperliche Reaktionen
Wut/Haß	Arthritis, Verstopfung, Rückenschmerzen, Schlafstörungen, Magengeschwüre, Bluthochdruck, Kopfschmerzen, Appetitverlust, Freßsucht, Gallensteine, Gicht, Herzstechen

Verzweiflung	Appetitverlust, Apathie, Schlafstörungen, Verstopfung, Nachlassen des sexuellen Verlangens, Druckgefühl in der Brust, Kloßgefühl im Hals, Infektionsanfälligkeit, niedriger Blutdruck
Angst	Schlafstörungen, Durchfall, Schweißausbrüche, Infektionsanfälligkeit, Herzrasen, Beklemmung, Schwindel, Kopfschmerzen, Magenschleimhautentzündung

Wenn Sie eines oder mehrere dieser Symptome verspüren, ist es gut, zunächst zu Ihrem Hausarzt zu gehen und sich untersuchen zu lassen. Erzählen Sie ihm jedoch auch, in welcher Krisensituation Sie sich im Augenblick befinden. Das wird dem Arzt helfen, Ihre Symptome richtig einzuordnen. Lassen Sie sich keine Psychopharmaka verordnen, oder zumindest nicht länger als vier Wochen.

Wie können Sie Ihren Körper jetzt besonders unterstützen?

Der Umgang mit dem Schlaf

Fast alle Menschen reagieren in einer Trennungskrise mit einem gestörten Schlafrhythmus. Die einen machen bis früh am Morgen kein Auge zu, laufen ruhelos umher oder wälzen sich im Bett und sind den ganzen Tag über wie gerädert. Andere wiederum sind permanent müde und bekommen sich kaum aus dem Bett. Sie schleppen sich schwerfällig durch den Tag und gehen schon um 8 Uhr abends wieder ins Bett. Beiden ist gemeinsam, daß sie sich erschöpft und zerschlagen fühlen. Im Augenblick ist es normal, daß der Körper mit einem gestörten Schlafrhythmus reagiert. Sie können dennoch einiges dafür tun, um zu seiner Entspannung beizutragen:

- Nehmen Sie vor dem Schlafengehen ein warmes Bad zur Entspannung.

• Trinken Sie abends vor dem Zu-Bett-Gehen ein Glas warme Milch mit Honig oder einen Kräutertee, bitte keinen Alkohol.
• Gehen Sie zu einer bestimmten feststehenden Zeit ins Bett, auch wenn Sie sich nicht danach fühlen, und stehen Sie immer zur gleichen Zeit am Morgen auf. Legen Sie sich tagsüber nicht zum Schlafen hin, sodaß Ihr Körper seinen Rhythmus wiederfinden kann.
• Wenn Ihnen im Bett grüblerische und nagende Gedanken kommen, stehen Sie auf und schreiben Sie die Gedanken in Ihr Tagebuch. Dann legen Sie sich wieder hin und sagen sich innerlich: „Morgen werde ich mich damit beschäftigen.".
• Wenn Sie nicht zum Einschlafen kommen, machen Sie eine Entspannungsübung - etwa das Autogene Training oder die Progressive Muskelentspannung. Im Anhang nenne ich Ihnen auch eine Entspannungskassette verknüpft mit Klassischer Musik, die vielen Menschen geholfen hat. Auch die beiden folgenden Übungen haben sich bei vielen Menschen als Entspannungsmethode bewährt:

Anleitung zur Bauchatmung

Legen Sie Ihre Hand flach 2 cm unterhalb des Nabels auf die Bauchdecke. Dann atmen Sie tief ein und stellen sich vor, wie der Atem langsam bis hinunter zu Ihrer Hand fließt und schließlich Ihre Hand hochatmet. Dann stellen Sie sich vor, wie der Atem langsam wieder über den Brustraum, zurück über die Nase nach außen strömt, und Ihre Hand wieder nach unten sinkt. Wiederholen Sie diese Atemtechnik mehrere Minuten lang. Sie können hierdurch die Sauerstoffzufuhr reduzieren und ruhiger werden.

Anleitung zur Spontan-Entspannungstechnik

Atmen Sie etwas tiefer ein, als Sie das gewöhnlich tun. Dann atmen Sie in einer Bewegung wieder aus, ohne den Atem nach dem Einatmen anzuhalten. Wenn Sie ausgeatmet haben, halten Sie Ihren Atem für ca. 6-10 Sekunden an. Finden Sie selbst her-

aus, welche Zeit für Sie am angenehmsten ist. Zählen Sie in Gedanken von 1001 bis 1006 oder 1010 (eintausendundeins ... eintausendundsechs). Nachdem Sie den Atem angehalten haben, atmen Sie wieder ein, atmen in einer Bewegung wieder aus, ohne den Atem anzuhalten, und halten ihn dann wieder für weitere 6 bis 10 Sekunden an.
Wiederholen Sie diese Atemübung für zwei bis drei Minuten bzw. solange, bis Sie deutlich entspannter und ruhiger sind. Sie verringern die Sauerstoffzufuhr, was eine Entspannung bewirkt, und erreichen durch das neutrale Zählen ebenfalls eine geistige Entspannung.

Diese beiden Entspannungsübungen können Sie, wann immer Sie unter innerer Unruhe leiden, Tag und Nacht einsetzen - auch noch nach der Trennungskrise.

Denken Sie daran: Ihr Körper ist alarmiert und kommt deshalb nicht zur Ruhe. Geben Sie ihm Zeit, wieder ins Gleichgewicht zu kommen. Ich weiß, daß Sie ausgerechnet jetzt Ihren Schlaf besonders bräuchten, aber Ihr Körper ist mit Ihrer Seele untrennbar verbunden.

• Wenn es Ihnen gar nicht gelingt, zum Schlaf zu finden, wirken pflanzliche Medikamente auf der Basis von Johanniskraut und Baldrian beruhigend und schlaffördernd. Sie erhalten solche Mittel rezeptfrei in der Apotheke.

Der Umgang mit den täglichen Anforderungen

In unserer Gesellschaft wird uns während einer Trennungskrise keine besondere Schonzeit gewährt. Sind wir berufstätig, so wird von uns die normale Leistung erwartet. Haben wir Kinder, die wir weiterhin versorgen, muß der Alltag weitergeführt werden. Doch unser Geist und unser Körper sind meist nicht fähig, den Alltagsanforderungen wie

„früher" nachzukommen. Wir sind ohne Konzentration, schusslig und vergeßlich. Wir müssen den Mittelweg finden, um uns nicht zu überfordern, aber auch nicht in die vollkommene Passivität zurückzuziehen.

• Reduzieren Sie im Augenblick Ihre Erwartungen in Ihre Leistungsfähigkeit. Wenn Sie berufstätig sind, erwarten Sie von sich nur, daß Sie zur Arbeit gehen und Ihre Arbeit erledigen. Sie können sich im Augenblick weder besonders gut konzentrieren, noch kreativ oder aufnahmefähig für Neues sein. Wenn möglich, informieren Sie Ihre Kollegen, daß Sie nur reduziert einsatzfähig sind und nur das geben können, was im Augenblick möglich ist. Wenn Sie nicht berufstätig sind, ist es schon ein Erfolg, aufzustehen, ein klein wenig aufzuräumen, einzukaufen und für das Essen zu sorgen.

• Gönnen Sie sich viel Ruhe. Vermeiden Sie möglichst für eine Weile übergroße Anstrengungen. Ihr Körper benötigt mehr Energie als sonst.

• Sorgen Sie dafür, daß Sie täglich ein klein wenig körperliche Bewegung einplanen. Viele Untersuchungen haben gezeigt, daß körperliche Aktivität wie etwa ein kurzer Spaziergang oder ein paar Streckübungen Depressionen mildern können.

Der Umgang mit der Ernährung
Auch im Bezug auf das Eßverhalten sind die menschlichen Reaktionen während einer Krise unterschiedlich. Den einen schlägt es auf den Magen und sie bekommen kaum einen Bissen hinunter, die anderen werden von Heißhungerattacken geplagt. Sie schlingen wahllos ungesunde Nahrungsmittel wie Eis, Schokolade und Kuchen in sich hinein und trinken kannenweise Kaffee. Sie vergessen ihre Eßkultur, essen im Stehen, lesen während des Essens Zeitung und sehen fern. Viele greifen auf Nahrungsmittel zurück, die sie während der Kindheit als Trostpflaster erhalten haben wie Pudding, heiße Schokolade oder Griesbrei. Gleichgültig, ob Sie zu den „Kummeressern" gehören oder zu denen, die kaum noch etwas essen, Ihr Körper benötigt gerade jetzt eine ge-

sunde, ausgewogene Ernährung. Einige Nahrungsmittel können dazu beitragen, daß Sie wieder mehr Energie in sich spüren, andere wirken beruhigend, wiederum andere machen Sie unruhig oder depressiv.

• Meiden Sie Alkohol, Nikotin und Tabletten, um sich kurzfristig besser zu fühlen. Ihr Körper wird sich daran gewöhnen, immer eine höhere Dosis benötigen, bis Sie schließlich sogar körperlich abhängig von dem Suchtmittel werden.

• Trinken Sie stattdessen viel Mineralwasser und Kräutertee. Streß führt zu einer Störung Ihres Flüssigkeitshaushaltes. Trinken Sie auch dann, wenn Sie keinen Durst verspüren.

• Essen Sie Vollwertprodukte, Salat, Obst und rohes Gemüse. Sie brauchen kein großes Menu zu kochen. Mischen Sie Haferflocken und Obst ins Joghurt oder essen Sie Obst pur. Knabbern Sie Nüsse und Karotten. Kochen Sie größere Portionen, die Sie einfrieren, sodaß Sie nur ab und zu kochen müssen.

• Essen Sie regelmäßig kleine Mahlzeiten, auch wenn Sie sich zwingen müssen.

• Nehmen Sie sich Zeit zum Essen und richten Sie das Essen ein wenig appetitlich auf einem Teller an. Sie haben es verdient, sich für sich selbst die Mühe zu machen!

• Wenn Sie Ihren Nerven eine zusätzliche Unterstützung zukommen lassen wollen, dann sorgen Sie für eine genügend große Zufuhr an Vitaminen B, C und E sowie dem Mineralstoff Magnesium. Sie können Ihren Bedarf auch in Form von Tabletten, die Sie in der Apotheke rezeptfrei erhalten, decken.

Das Auftreten von Träumen
Auch in der Nacht, während Sie schlafen, zeigt Ihnen der Körper, daß

er aus dem Gleichgewicht geraten ist. Viele Menschen wachen durch Alpträume auf. In den Träumen zeigt sich häufig, womit Sie sich im Augenblick beschäftigen - mit dem Partner und der Trennung - und wo Sie im Trennungsprozeß stehen. Auch wenn wir im Alltag schon wieder einigermaßen Boden unter den Füßen haben, können sich im Traum noch dramatische Szenen abspielen. Zu Beginn der Trennungskrise steht im Mittelpunkt der Träume häufig das Thema: auf der Suche nach etwas zu sein und es nicht finden können. Die Träume stimmen mit der ersten Phase des Nicht-Wahrhaben-Wollens überein. Dann spielt in den Träumen häufig das folgende Thema eine Rolle: das Gesuchte finden, aber nicht behalten können, das Gesuchte sehen, es aber nicht bekommen können. Die danach folgenden Träume haben das Thema Loslassen zum Inhalt: Wir finden den Partner und lassen ihn ziehen.

- 5 -
Phase III: Neuorientierung

Es ist zu schaffen
licht
hoffnung
dann wieder ein kleiner sturz
ständige berg- und talfahrt
mit meinen gefühlen
ich wage es
mir ist
als hätte ich eben ein wenig
lebensfreude verspürt

Liebe Leserin, lieber Leser, sind Sie neugierig, ob Sie schon die Phase der Neuorientierung erreicht haben? Dann schauen Sie sich die folgenden Fragen an. Wenn Sie mehrere mit „ja" beantworten können, dann befinden Sie sich in der Phase III:

Können Sie sich wieder mehr auf Ihren Beruf konzentrieren und den Alltagspflichten nachkommen? ja/nein
Verspüren Sie ab und zu schon wieder Freude am Leben? ja/nein
Können Sie mit weniger Tränen und Trauer über den Expartner sprechen? ja/nein
Empfinden Sie wieder Interesse für andere Menschen und Ereignisse? ja/nein
Können Sie es ertragen, mit dem Expartner zusammenzutreffen, ohne vollkommen aufgelöst zu sein? ja/nein
Gibt es Zeiten, in denen Sie den Expartner vollkommen vergessen? ja/nein
Fühlen Sie sich innerlich stärker und glauben, aus der Krise kommen zu können? ja/nein

Empfinden Sie beim Gedanken an den Expartner weniger
Wut und Haß? ja/nein

Haben Sie die Hoffnung auf die Wiedervereinigung
aufgegeben? ja/nein

Haben Sie schon einige der Fragen mit „ja" beantworten können? Wunderbar, Sie erleben, daß es vorangeht. Vielleicht erscheint Ihnen der Fortschritt als zu langsam oder der Weg bis zum Gipfel immer noch zu weit. Haben Sie Geduld mit sich. Sie tun, was Sie können. Sie müssen einen 3000 m hohen Berg erklimmen und keinen kleinen Hügel. Wenn Sie das Klettern nicht gewohnt sind, dann bringt es Sie gehörig aus der Puste und zum Schwitzen. Halten Sie deshalb einen Augenblick inne und genießen Sie die Aussicht, die Sie bis jetzt erreicht haben.

Atmen Sie tüchtig durch und genießen Sie, daß die Zeiten der Spannung, Wut und Verzweiflung weniger werden. Sie sind noch nicht ganz auf dem Gipfel des Berges, einem Leben mit neuem Selbstwertgefühl und neuer Stärke angekommen. Der Weg schlängelt sich aber stetig dem Gipfel zu. Nur noch ab und zu werden Sie „rückfällig" werden und intensive negative Gefühle verspüren. Sie können jetzt ins Tal hinabschauen und sich darüber freuen, daß Sie den Aufstieg bis hierher geschafft haben. Ihr Körper macht Ihnen wieder mehr Freude, denn es kehrt so langsam wieder eine innere Ruhe ein, Ihre Sinne öffnen sich wieder für die Umwelt. Sie können es ertragen oder sich gar daran erfreuen, ein Wochenende für sich zu haben. Ihr Hobby beginnt wieder, Ihnen Freude zu bereiten. Sie können die Zeitung lesen und auch wieder behalten, was Sie gelesen haben. In Ihren Gedanken gibt es wieder Platz für neue Ereignisse, andere Menschen und nicht nur den Expartner. Es gibt schon Augenblicke, in denen Sie herzhaft lachen können. Sie können erkennen, daß die Partnerschaft schon vor dem Ende in Schwierigkeiten geraten war. Jetzt ist es an der Zeit, ganz bewußt Abschied zu nehmen.

Vielleicht haben Sie gemerkt, daß ich plötzlich von Ihrem Ex-Partner spreche, also das Wörtchen Ex- vorangestellt habe. Ich möchte damit dokumentieren, daß Ihr Partner ein Stück weiter aus Ihrem Leben gerückt ist. Ich weiß, daß die meisten Menschen sich kurz nach der Trennung ganz gehörig innerlich gegen dieses Wort sträuben und deshalb benutze ich es erst ab diesem Kapitel.

Loslösung

„Es ist für mich eine wichtige Erfahrung, daß mein Partner sich von mir getrennt hat."

was weißt du von mir
meinen nächten
ich löse mich von dir
allmählich
und taste im dunkeln
nach dem verborgenen glück

Die endgültige Lösung von der vergangenen Partnerschaft ist ein schwieriger Schritt. Die Loslösung umfaßt mehrere Schritte: Sie bedeutet das Aufgeben der Liebe und der Sehnsucht nach dem Expartner, das Aufgeben der Wut und des Hasses auf den Expartner, das Aufgeben der gedanklichen Beschäftigung mit dem Expartner und das Aufgeben des Redens über ihn. Sie bedeutet das langsame Ersetzen des Gedankens „Nie mehr kannst du, nie mehr wirst du *mit ihm* ... tun." durch den Gedanken „*Ich* kann und werde das ... und das ... *für mich* tun.". Sie bedeutet das Suchen neuer Ziele und das Knüpfen neuer Kontakte.

Besonders in den Zeiten mit vielen Problemen und Selbstzweifeln neigen wir noch dazu, uns all die schönen Dinge, die wir in der Partnerschaft hatten, zurückzurufen: „Wenn ich nur jemanden hätte, der sich um mich sorgen würde.". Wir denken an die schönen Zeiten, in denen der Expartner uns Geschenke machte oder sich intensiv um uns kümmerte. Bei gesellschaftlichen Einladungen erinnern wir uns daran, daß „wir damals nicht fünftes Rad am Wagen waren". Bei finanziellen Schwierigkeiten wünschen wir uns den Expartner zur finanziellen Unterstützung. An Feiertagen sehen wir Paare spazierengehen und sitzen traurig allein zuhause. Wenn wir erfahren, daß unser Expartner mit einer neuen Partnerin glücklich gesehen wurde, kommen Selbstzweifel, aber auch Haß, Eifersucht und Mißgunst auf. Mißgunst ist dabei immer ein Ausdruck davon, daß wir an uns selbst zweifeln und uns „beraubt" sehen. Wir glauben, nicht genug zu haben, oder nicht zu haben, was der Expartner schon wieder hat. Wir hassen den Expartner, weil wir „wegen ihm" jetzt alleine zuhause sitzen und uns unglücklich fühlen. Ja, vielleicht hassen wir sogar alle Männer bzw. Frauen.

Häufig haben wir auch den Wunsch, zum Expartner wenigstens eine freundschaftliche Beziehung zu halten. Aber dieser Wunsch macht uns die Loslösung erst recht schwierig. Wir beginnen, uns wieder hoffnungsvolle Gedanken zu machen, und der Ärger über das Verlassenwerden wird unterdrückt.

Deshalb halte ich es für empfehlenswert, daß Sie in der frühen Phase der Trennung keine Freundschaft zu Ihrem Expartner aufrechterhalten. Warten Sie damit, bis Sie sich von ihm innerlich endgültig freigemacht haben. Warten Sie damit, bis Sie nicht mehr „das Gefühl haben, ihn unbedingt für Ihr Glück zu benötigen". Der Versuch, Freunde zu bleiben, wird Ihren Loslösungsprozeß nur verzögern. Vielleicht gefährdet er sogar die Möglichkeit, später eine gute freundschaftliche Beziehung zu entwickeln.

Während die einen nach der Trennung klammern und auf keinen Fall den Expartner aus den Augen verlieren wollen, wollen andere ihm nie mehr in ihrem Leben begegnen. Am liebsten würden sie an den entferntesten Punkt der Erde auswandern und jegliche Erinnerung unterbinden. Sie erhoffen, sich damit den Schmerz zu ersparen. Doch da der Schmerz durch die Erinnerungen und die in Gedanken gespeicherten Erwartungen und Wünsche entsteht, können sie ihm nicht entrinnen.

Ein Umzug in eine andere Stadt ist nur dann sinnvoll, wenn man dort eine Stelle antritt, die man immer schon haben wollte, oder eine Wohnung findet, die einem gut gefällt. Der Umzug zurück in den Heimatort oder zu alten Freunden kann hilfreich sein. Doch niemand kann seinen Gefühlen entrinnen. Alle Gedanken, Erfahrungen und Gefühle tragen wir mit uns. Diese verschwinden nicht durch einen Orts- oder Stellenwechsel. Das Zusammentreffen mit gemeinsamen Freunden und das Aufsuchen von Orten, die mit gemeinsamen Erinnerungen verknüpft sind, kann zum jetzigen Zeitpunkt sogar sehr hilfreich sein, um endgültig Abschied zu nehmen.

Langwierige gerichtliche Auseinandersetzungen, Besuchsregelungen bezüglich der Kinder, weiter bestehender Kontakt zu den Schwiegereltern, unmittelbare Nachbarschaft zum Expartner, steuerliche Verstrickungen, eine gemeinsame Wohnung, weil Wohnungsnot herrscht, oder berufliche Zusammenarbeit können die Loslösung erschweren.

Bevor wir uns daran machen können, Zukunftspläne zu entwickeln, und offen sind für neue Freunde und neue Erfahrungen, müssen wir eine Lösung für folgende Fragen finden:

Wie kann ich mich loslösen?
Wie höre ich auf, den Partner zu lieben?
Wie höre ich auf, den Partner zu hassen?
Wie kann ich Frieden mit der Vergangenheit schließen?

Sehnsucht, Haß und gedankliche Beschäftigung mit dem Expartner sind Anzeichen dafür, daß Sie noch in der Vergangenheit leben. Dieses Vergangenheitsdenken blockiert Sie in allen zukünftigen Aktivitäten und führt zu großen Selbstzweifeln.

Loslösen heißt nicht, den Expartner und die Erfahrungen der Vergangenheit zu vergessen. Das wäre schade, sondern es heißt, ohne heftige Gefühlsausbrüche an die Vergangenheit denken zu können. Loslösung heißt, das Bilderalbum umblättern zu können mit dem Gedanken: „Das war die Zeit mit ihm. Es gab schöne Erfahrungen und unangenehme. Die Partnerschaft ist zu Ende gegangen, weil ... . Sie war ein wichtiger Teil in meinem vergangenen Leben. Heute beschäftige ich mich mit ... und sehe das so ... und so ...".

Wenn Sie nach Ihrer Trennung Ihren Arbeitsplatz erhalten oder einen neuen Arbeitsplatz finden konnten und viele Freunde an Ihrer Seite haben, dann erleichtert das Ihre Loslösung sehr.

Aber auch wenn Sie all das nicht haben, können Sie es schaffen. Sie können Ihre Abhängigkeit und Bezogenheit auf den Expartner aufgeben, so wie Sie es wahrscheinlich auch bei Ihren Eltern geschafft haben. Sie können lernen, Ihre innere Leere zu füllen.

Wie können Sie sich endgültig von Liebe und Sehnsucht nach Ihrem Expartner befreien?

1. Wenn Sie noch Liebe für Ihren Expartner empfinden, akzeptieren Sie dieses Gefühl. Aber erlauben Sie sich nicht, daß das Denken an ihn Ihre Gefühle und Ihr Leben vollkommen bestimmt.

Sich darauf zu konzentrieren, warum Sie seine Liebe nicht mehr haben können, verstärkt Ihre Selbstzweifel. Für einige Menschen bringt das Nicht-Lösen von dem Expartner Vorteile. Sie nutzen ihre „konservierte" Liebe als Entschuldigung, keine weiteren Schritte in ihrem Leben unternehmen zu können. Solange sie sagen: „Ich liebe ihn immer noch", schützen sie sich vor einer möglichen neuen Enttäuschung. Sie machen es sich unmöglich, sich neu zu verlieben und andere Menschen an sich herankommen zu lassen. Sie halten sich in der Beziehung gefangen und sind dadurch nicht offen für eine neue Beziehung.

Andere Menschen wiederum erzählen ihren Freunden immer wieder, wie sehr sie ihren Expartner noch lieben, um Zuwendung zu bekommen. Und dann gibt es noch diejenigen, die gerne von ihren Freunden hören möchten, daß noch Hoffnung auf Versöhnung besteht.

Hüten Sie sich davor, Ihre Beziehung zu Ihrem Expartner in der Phantasie viel besser zu machen, als sie in den letzten Jahren war. Ihr Expartner hat Stärken und Schwächen gezeigt - so wie Sie auch. Seien Sie dankbar für die Zeit, die Sie mit Ihrem Expartner verbracht haben, aber machen Sie die Zeit nicht zu einem paradiesischen Garten. Wenn Sie sich erlauben, Ihren Expartner als einen und nicht den wichtigsten Teil in Ihrem vergangenen Leben anzusehen, können Sie einen neuen Teil hinzufügen. Diese Partnerschaft ist lediglich ein Mosaikteilchen in Ihrem Lebensmosaik.

2. Ich werde Ihnen jetzt eine drastische, aber äußerst wirksame Methode vorschlagen, um Ihre Loslösung zu beschleunigen. Ziel ist es, daß Sie Ihren Tränen freien Lauf lassen und für eine befristete Zeit Ihren Schmerz empfinden und ausdrücken. Vergleichbar ist diese Trauerarbeit mit Trauerritualen in den meisten außereuropäischen Kulturen. Für eine begrenzte, festgelegte Zeit wird getrauert. Damit wird die Trauer nicht unterdrückt, sondern ihr wird unter Kontrolle bewußt Ausdruck verliehen. Sie bestimmen den Zeitpunkt der Trauer selbst. Zu einem selbst bestimmten Zeitpunkt setzen Sie sich ganz bewußt den Reizen aus, die Sie mit traurigen Erinnerungen verknüpfen. Die Theorie, die dahintersteht, ist, daß Ihr Körper nicht pausenlos in einem Zustand höchster Erregung und Spannung bleiben kann. Wenn Sie sich mit Erinnerungen überfluten, die Verzweiflung auslösen, wird der Schmerz mit der Zeit automatisch nachlassen. Der Körper ist dann nicht mehr in der Lage, auf traurige Reize zu reagieren, sondern wird abschalten. Sie werden plötzlich keinen Schmerz mehr empfinden, son-

dern nur noch Gleichgültigkeit.

Um diese Wirkung zu erzielen, müssen Sie sich für diesen einen Tag sehr viel Zeit einplanen. Sie sollten sich mindestens 6 Stunden Zeit nehmen, um sich mit den Erinnerungen zu beschäftigen. Günstig für die Trauerarbeit sind der Hochzeitstag, der Geburtstag des Expartners, Weihnachten, Sylvester oder die Wochenenden; also nostalgische Tage, die ohnehin wehmütige Erinnerungen in Ihnen wachrufen.

Haben Sie sich für dieses Trauerritual entschieden? Ist es für Sie Zeit für die große Trauerarbeit, die Sie gegen unkontrollierbare Erinnerungen immun macht?

Dann wählen Sie sich einen Tag aus, an dem Sie von niemandem gestört werden können. Wenn Sie Angst vor dem Auslösen dieser schmerzhaften Gefühle haben, laden Sie sich eine Freundin ein, die im Nachbarzimmer auf Sie wartet. Die Freundin sollte jedoch auf keinen Fall ins Zimmer kommen und Sie trösten. Mitleid und Sympathie würden Ihren Schmerz nur abschwächen und das Ende des Schmerzes hinauszögern. Sie können auch einen Therapeuten aufsuchen, wenn Sie befürchten, die Trauer nicht alleine ertragen zu können.

Betäuben Sie sich vor dieser Übung nicht mit Alkohol, Zigaretten oder Essen, denn Sie müssen den Schmerz bewußt erleben. Stellen Sie das Telefon leise, schließen Sie die Vorhänge. Ziehen Sie das Kleidungsstück an, welches der Expartner am liebsten an Ihnen gesehen hat. Entscheiden Sie sich dafür, sich für diesen einen Tag auf den Schmerz einzulassen. Tun Sie alles, womit Sie sich in traurige Stimmung versetzen können. Sie müssen durch Ihre Tränen hindurchgehen, um sich zu heilen. Holen Sie die Kiste mit all den Relikten aus der Partnerschaft hervor. Suchen Sie nach den Gegenständen, die die stärksten Erinnerungen auslösen. Nehmen Sie dann nacheinander jedes einzelne Erinnerungsstück aus der Kiste. Rufen Sie sich ganz lebendig in Erinnerung, bei welcher Gelegenheit es entstanden ist, wie zärtlich

Ihr Expartner zu Ihnen war, wie er Sie nannte, ansah, umarmte, wie glücklich sie beide waren, wie er damals ausgesehen hat, usw. Erst wenn Sie sich bei allen Gegenständen an möglichst alle schönen Einzelheiten erinnert haben, werden keine Tränen mehr fließen.

Je heftiger der Schmerz ist, desto tiefgreifender wird der Erfolg sein. Lassen Sie Tränen, Stöhnen und Schluchzen zu, so lange, bis Sie nichts mehr verspüren und sich innerlich leer fühlen. Bitte bleiben Sie bei der Übung und brechen Sie nicht ab, bis Sie sich innerlich ruhiger fühlen. Die Übung ist sehr anstrengend, wird Ihnen aber eine große Erleichterung verschaffen. Sie brauchen sich nicht mehr vor Ihren „unberechenbaren Gefühlsausbrüchen" zu fürchten.

Beschäftigen Sie sich an diesem Tag nicht mit Rachegedanken und den negativen Seiten des Expartners. Dieser Tag ist dem Verlust der schönen Seiten Ihres Expartners gewidmet.

Haben Sie sich an diese Übung gewagt? Dann haben Sie viel Mut gezeigt und sich ein großes Stück vorangebracht. Es ist für den Körper viel schwieriger, loszulassen, wenn er immer nur stückchenweise Trauer ausleben darf und dann unterbrochen wird. Die Gewöhnung an die neue Situation dauert dann umso länger. Nun haben Sie bewußt ein Stück Loslösung hinter sich gebracht und können mit Ruhe und ohne Schmerz an diese Erfahrungen aus der Vergangenheit denken.

Wenn Sie zu einem späteren Zeitpunkt noch einmal Trauer empfinden, akzeptieren Sie diesen Rückfall. Sollten diese Rückfälle häufiger auftreten, sollten Sie einen weiteren Trauertag einplanen. Nehmen Sie dann diese Erinnerungen zum Thema, bei denen Sie noch Schmerz empfinden. Legen Sie den Trauertag wieder auf einen Gedenktag und verzichten Sie auf Ablenkung. Sie werden diesmal wahrscheinlich schon nach 3 Stunden Ruhe und Gleichgültigkeit empfinden, und der Schmerz wird verschwunden sein.

3. Erinnern Sie sich jedesmal, wenn Sie an Ihren Expartner denken, daran: „Unsere Partnerschaft ist aus und vorbei. Ich entscheide mich, meinen Expartner loszulassen". Möglicherweise hören Sie in Ihrem Körper bei diesem Gedanken noch den Widerspruch, der die dritte Phase des Umlernprozesses charakterisiert. Sie erinnern sich: „Ich komme mir vor, als ob ich mich belüge."? Lassen Sie den Widerspruch und das Gefühl, daß Sie sich etwas vormachen, zu und wiederholen Sie den Satz: „Unsere Partnerschaft ist aus und vorbei. Ich entscheide mich, meinen Expartner loszulassen.", immer wieder. Mit der Zeit werden Sie das innerliche Okay erhalten.

4. Denken Sie immer, wenn Ihnen liebevolle Erinnerungen an den Expartner kommen, an seine negativen Seiten (ausgenommen am Tag der Trauerarbeit). Ihre Partnerschaft hat aus positiven und negativen Erfahrungen bestanden.

Wie können Sie sich endgültig von Wut und Haß auf Ihren Expartner befreien?

Forschungsergebnisse zeigen, daß Menschen nach einer Trennung durchschnittlich 3 Jahre brauchen, bis sie ihre Wut auf den Expartner aufgeben. Das Aufgeben der Wutgefühle und Akzeptieren der gegebenen Situation wird erschwert durch folgende Faktoren:

- wenn der Expartner weiterhin finanziell unterstützt werden muß, obwohl *er* die Partnerschaft aufgelöst hat,
- wenn dem Expartner das Sorgerecht für die Kinder zugesprochen wurde und die Kinder bei ihm leben, obwohl man sie selbst gerne bei sich hätte,
- wenn der Expartner jetzt all das mit einem neuen Partner erleben darf, was man selbst mit ihm erleben wollte,
- wenn man alleine lebt, obwohl man gerne eine Partnerschaft hätte,
- wenn der Expartner im Haus lebt, das man zusammen mit ihm erbaut hat,

• wenn man materiell sehr viel schlechter gestellt ist als während der Partnerschaft,
• wenn man jetzt arbeiten gehen muß und vorher zuhause bleiben konnte.

All das kann uns dazu bringen, gegen die Umstände ankämpfen zu wollen und mit dem Schicksal zu hadern. Solange wir mit unserem Kämpfen etwas an der Situation verändern können, ist unser Kämpfen sinnvoll. Doch wenn unser Ankämpfen nichts an den Umständen verändern kann, ist es nur zu unserem eigenen Schaden. Es kostet uns schon Energie genug, uns auf die neue Situation, alleine zu leben, einzustellen. Sollten wir uns dann auch noch die Energie rauben, indem wir dagegen ankämpfen?

Sie haben die Entscheidung. Auch wenn Sie an der Situation nichts ändern können, können Sie an Ihren Gefühlen etwas verändern. Die Situation, daß der Expartner Sie verlassen hat, führt nicht automatisch zu Ihren Haßgefühlen. Es sind Ihre Gedanken: „Das ist ungerecht. Das darf nicht so ein, wie es ist. Mir darf das nicht passieren!", die Sie wütend machen.

Wie lange wollen Sie in diesem Stadium des Hasses bleiben? Trennung ohne offene oder unterdrückte Wut gibt es nicht. Aber Sie haben die Entscheidung darüber, die Wut aufzugeben, wann immer Sie es möchten.

Solange Sie Wut und Haß gegenüber Ihrem Expartner verspüren, werden Sie in Ihrem Heilungsprozeß nicht weiterkommen. Wut und Haß vergiften Ihren Körper. Sie machen es Ihnen unmöglich, offen und vorurteilslos auf andere Menschen zuzugehen.Wenn Sie davon überzeugt sind, daß Sie in der Vergangenheit jemand reingelegt oder verletzt hat, dann ist es wahrscheinlich, daß Sie befürchten, in Zukunft werde Ihnen dasselbe wieder zustoßen. „Jedesmal, wenn ich mich verliebe, werde ich verletzt werden.". Diese Art zu denken, wird Sie daran hindern, neue lebendige Beziehungen zu knüpfen - trotz der Chancen und Ihrer Bereitschaft. Sie werden den Menschen voller Mißtrauen und Verachtung begegnen.

Wenn Sie also eine Beziehung beginnen, solange Sie auf Ihren Expartner noch so wütend sind, werden sich Ihre schlechten Erfahrungen immer wiederholen. Das gleiche gilt auch, wenn Sie noch wütend auf Ihre Eltern, Lehrer, Chefs, etc. sind. Sie werden eine Person finden, die Sie in derselben Art und Weise behandelt. Die neue Beziehung wird auf die gleiche Art und Weise verlaufen wie die alte. Sie bestimmen also durch Ihren momentanen Umgang mit Ihrer Wut, wie Ihre Zukunft aussehen wird. Schon allein deshalb ist es sinnvoll, sich und Ihrem Expartner zu verzeihen.

Höre ich Sie sagen: „Verzeihen? Niemals! Ich kann ihm nicht verzeihen, nach all dem, was er mir angetan hat!"

Dann hören Sie mir bitte noch einen Augenblick zu. Wenn ich von Verzeihen spreche, meine ich nicht „gutheißen", was er getan hat. Sie brauchen ihn nicht „heiligsprechen". Ich meine damit, sein Handeln zu akzeptieren als einen Ausdruck seiner Person. Ich meine Verzeihen um Ihretwillen.

Verzeihen hat weder damit zu tun, daß Sie ein guter Mensch werden wollen, noch damit, daß Sie den anderen Menschen von seiner Verantwortung freisprechen wollen. Verzeihen ist vollkommen egoistisch. Wenn eine Person in Ihr Leben tritt, wird sie ein Teil Ihres Geistes. Wenn Sie diese Person später verurteilen, ist es so, als ob Sie einen Teil Ihres Geistes vergiften. Wann immer Sie an diese Person denken oder an sie erinnert werden, bringen Sie Ihr Blut in Wallung und Ihre Muskeln in Anspannung.

Wollen Sie sich das selbst antun? Ist es schön, sich einem anderen Menschen ausgeliefert und hilflos gegenüber zu sehen? Die Wut aufzugeben ist notwendig für Ihre Gesundheit. Wut zerstört Ihre seelische und körperliche Gesundheit. Wenn Sie in der Vergangenheit leben und Ihrem Expartner die Schuld an Ihrem Elend geben, können Sie sich nicht besser fühlen. Wieviel Zeit haben Sie bereits damit verbracht, an das Vergangene zu denken anstatt an die Gegenwart? Wieviel Zeit haben Sie damit verbracht, mit Ihren Freunden und Verwandten über ihn zu diskutieren? Überlegen Sie, was Sie alles Produktive hätten tun können - an sich selbst zu denken und die Zukunft zu planen.

Wieviel besser wären Sie dran, wenn sie an dem einen Menschen arbeiten würden, über den Sie Kontrolle haben - an sich selbst?

Wenn Sie Stunden damit verbringen, darüber nachzudenken, „was er Ihnen angetan hat", geben Sie ihm Kontrolle über Ihr Leben und Ihre Zufriedenheit. Geben Sie den Versuch auf, mit Ihrem Expartner gleichzuziehen. Geben Sie den Versuch auf, seine Entscheidung zu verstehen. Geben Sie den Versuch auf, ihn davon zu überzeugen, daß es falsch war, was er getan hat. Er hat sich zur Trennung entschieden, weil es für ihn richtig und notwendig war. Sie haben keinen Besitzanspruch auf Ihren Expartner, auch wenn er Ihnen einmal ´ewige Treue´ versprochen hat. Damals hat er es ernst gemeint, aber er hat dabei vergessen, daß Menschen niemals stehenbleiben, sondern sich verändern.

Akzeptieren Sie Ihre Wut und drücken Sie sie auf konstruktive Weise aus, sodaß Sie sich nicht mehr als das Opfer fühlen (siehe hierzu auch Kapitel 4). Dann üben Sie sich darin, ihm zu verzeihen. Ihr Expartner hat sich nicht von Ihnen getrennt, um Ihnen weh zu tun. Er trennt sich nicht, um Sie fertigzumachen. Wenn Sie so denken, bereiten Sie Ihren Körper auf Verteidigung und Gegenschlag vor. Ihr Expartner hatte oder hat genauso an sich zu arbeiten wie Sie. Er hat sich auch von Ihnen lösen müssen. Er hat genauso Stimmungsschwankungen, Schmerz, Wut und Angst erlebt oder erlebt es noch. Er hat Sie nicht geheiratet in der Absicht, sich wieder von Ihnen zu trennen und Sie elendig leidend zurückzulassen. Ihr Expartner hat das Beste getan, was ihm aufgrund seiner Lebensgeschichte und seiner persönlichen Einstellungen möglich war. Hätte er sich anders verhalten können, dann hätte er es getan.

Nach Ihrer Auffassung hat Ihr Expartner Sie verlassen, und deshalb müssen Sie wütend sein und ihn hassen. Sie haben also keine Chance, sich jemals wieder zufrieden zu fühlen, wenn er nicht mehr zurückkommt.

Nach meiner Auffassung können Sie sich entscheiden, ob Sie weiterhin wütend sein wollen und gegen Ihre Situation ankämpfen wollen. Er ist gegangen. Ihr Leben hat sich in vielen Bereichen verändert. Sie haben sich auf die neue Situation einstellen müssen und sind noch dabei, sich Ihr Leben in dieser Situation einzurichten. Dennoch haben Sie Kontrolle über Ihre Gefühle. Wenn Sie sich entscheiden, ihm zu verzeihen, werden Sie wieder glücklich sein, obwohl er nicht mehr zurückkehrt. Merken Sie den Unterschied?

Solange Sie Ihren Expartner verurteilen
und ihn für Ihre Gefühle verantwortlich machen,
sind Sie Ihren Gefühlen ausgeliefert.

Brauchen Sie Ihre Wut, um ihm zu zeigen, daß er so nicht mit Ihnen umgehen kann? Brauchen Sie Ihre Wut, um ihn zu bestrafen? Sind Sie der Meinung, daß es Ihnen zusteht und nur recht und billig ist, in so einer Situation wütend auf ihn zu sein?

Dann kann ich Ihnen jetzt nicht weiterhelfen. Akzeptieren Sie dann einfach Ihre Wut als bewußte gewollte Entscheidung. Wann immer Sie Ihre Wut ablegen wollen, können Sie zu diesem Kapitel zurückkehren.

Haben Sie sich entschieden, sich jetzt schon um das Akzeptieren der Situation und das Verzeihen zu bemühen, dann machen Sie folgende Übungen.

1. Nehmen Sie ein Bild von Ihrem Expartner und stellen Sie es vor sich auf. Schauen Sie das Bild an und sagen Sie laut:
„Ich bin bereit, dir zu verzeihen, ... (Name des Expartners). Du hast getan, was du für richtig und das Beste gehalten hast." Löschen Sie damit den alten negativen Gedanken: „Wie konnte er mir das antun!"

Üben Sie sich im Verzeihen. Sagen Sie sich diesen Satz: „Ich bin bereit, dir zu verzeihen, ... (Name des Expartners)", immer wieder trotz Ihrer gegensätzlichen Gefühle. Sie wissen, daß Ihre Gefühle durch Ihre Gedanken bestimmt werden, und deshalb müssen Sie Ihrem Expartner erst im Geist verzeihen, bevor Sie es auch fühlen. Sie werden die Vergebung spüren, wenn Sie sich den Satz genügend häufig und immer dann, wenn Sie ihm in Gedanken Vorwürfe machen, sagen.

Sie können hierzu auch nochmals Ihre Tagebuchaufzeichnungen zur Hand nehmen, wenn Sie sich darin die Vorwürfe und Kränkungen aufgeschrieben haben. Setzen Sie hinter jeden Satz: „Ich bin wütend, weil du ... Ich bin enttäuscht, daß du ..." den Nachsatz: „und ich bin bereit, dir zu verzeihen.". Wiederholen Sie die Sätze so lange, bis Sie innerlich spüren, daß Sie ruhig bleiben können.

Bleiben Sie am Ball. Es wird ein großartiges Gefühl sein, zu verspüren, daß die Umstände sich nicht geändert haben und dennoch Frieden in Ihrem Innern einzieht.

2. Wenn Ihr Partner Sie über längere Zeit „mit einem anderen Partner betrogen hat", ist es oft besonders schwierig, die Wut und Eifersucht abzulegen. Der Gedanke: „Er hat mich gedemütigt.", kommt dann sehr häufig ins Bewußtsein. Denken Sie dann daran: Er hat Sie nicht gedemütigt. Er hat sich einen anderen Partner gewählt, weil er von ihm etwas bekam, was Sie ihm nicht geben konnten oder wollten. Das sagt nichts über Ihre Attraktivität und Ihren Wert aus. Daß er Ihnen sein Verhältnis verschwiegen hat, ist Ausdruck seiner Unfähigkeit, zu seinem Verhalten zu stehen und seiner Angst vor Ihrer Reaktion.

3. Möchten Sie das Hadern mit dem Schicksal aufgeben? Dann korrigieren Sie, wann immer Sie sich bei dem Gedanken ertappen: „Warum nur mir? Das Leben ist ungerecht. Das darf einfach nicht sein, daß ich in einer solchen Lage bin.", Ihre Gedanken dahingehend: „Ich bin bereit zu akzeptieren, daß die Welt nicht gerecht ist. Ich habe keinen Anspruch darauf, daß die Welt so funktioniert, wie ich mir das wünsche und vorstelle. Ich habe keinen Anspruch darauf, daß die Welt mir meine Wünsche erfüllt. Ich habe jedoch die Fähigkeit, auf Wünsche zu verzichten und mich auf neue Situationen einzustellen. Statt zu hadern und mich mit der Vergangenheit zu beschäftigen, überlege ich mir, was ich jetzt tun kann, um das Beste aus der jetzigen Situation zu machen."

Ihr neues Selbstwertgefühl

„Ich bin in Ordnung."

die alten schienen
die ich jahrelang befuhr
waren mir bekannt
unbekannt war mir
die fahrtroute
die stand im fahrplan anderer
trotzdem wagte ich mich nicht
von diesen schienen
bis ich entgleiste
jetzt lege ich
meine eigenen schienen
von station
zu station

Das Ende einer Partnerschaft durch Trennung oder Tod stellt einen der schlimmsten Angriffe auf unser Selbstwertgefühl dar. Die meisten von uns sehen sich nach einer Trennung als halben Menschen, vollkommen minderwertig oder als totalen Versager an. Auf unserer Suche nach den Ursachen für das Ende der Partnerschaft gelangen wir immer wieder zu der einen Erklärung: „Ich hätte mehr tun sollen; Ich bin zu häßlich, dumm, ... Ich bin nicht in Ordnung so, wie ich bin.".

Menschen, die nach einer Trennung nicht in starke Selbstzweifel verfallen und schneller wieder Boden unter den Füßen finden,

- halten sich für wichtig und wertvoll,
- glauben, genügend Fähigkeiten zu besitzen, alleine im Leben klarzukommen,
- glauben, wieder einen Partner finden zu können,
- erlauben sich, schwach und hilflos zu sein und dann um Hilfe zu bitten,
- sind durch einen Beruf und ein Hobby, unabhängig vom Partner ausgefüllt,
- haben während der Partnerschaft einen eigenen Freundeskreis gepflegt, der sie nach der Trennung unterstützt.

Um zu verstehen, warum die meisten von uns sich beim Zerbrechen einer Partnerschaft so wertlos fühlen, müssen wir uns die Entwicklung unseres Selbstwertgefühls genauer anschauen.

Wie entsteht unser Selbstwertgefühl?

Wir werden nicht selbstsicher oder mit Minderwertigkeitsgefühlen geboren. In der ersten Zeit unseres Lebens machen wir uns keine Gedanken darüber, ob wir in Ordnung sind oder nicht. Wir beharren auf der Erfüllung unserer Grundbedürfnisse nach Nahrung, Schutz und Zuwendung. Unsere Eltern vermitteln uns durch ihr Verhalten uns gegenüber einen ersten Eindruck über unsere Bedeutung als Mensch. Hatten wir Eltern, die fähig waren, uns zu loben, in den Arm zu nehmen und uns auch, wenn wir Fehler machten, zu lieben, lernten wir, uns selbst auch mit Fehlern anzunehmen und zu mögen. Wir lernten, uns als liebenswert und „in Ordnung" anzusehen, und bekamen ein positives Selbstwertgefühl. Hatten wir Eltern, die uns häufig tadelten, beschimpften oder gar schlugen, uns den Eindruck vermittelten, unwillkommen in deren Leben zu sein, und wenig oder gar nicht lobten und umarmten, bekamen wir den Eindruck, „nicht liebenswert" zu sein. Wir lernten, daß wir nur liebenswert sind und gemocht werden, wenn wir die Vorstellung anderer erfüllen. So haben wir uns zu ängstlichen und angepaßten Menschen entwickelt. Überbehüteten uns die Eltern oder überforderten sie uns, sodaß wir keine Erfolgserlebnisse hatten, hatten wir es ebenfalls schwer, ein gesundes Selbstwertgefühl zu entwickeln. Auch ungünstige Umstände wie der frühe Tod oder die chronische Erkrankung eines Elternteils, eine körperliche Behinderung oder Abnormität können sich negativ auf die Entwicklung des Selbstwertgefühls auswirken.

Im Laufe unserer Kindheit lernten wir, uns selbst abzulehnen, zu tadeln, zu beschimpfen und zu kritisieren, so wie wir es von unseren Eltern oder Bezugspersonen hörten und erlebten. Wir erfuhren, daß wir „böse Kinder" sind, wenn wir den Eltern nicht gehorchten. So begannen wir, uns als gesamte Person abzulehnen, auch wenn nur eine unserer Verhaltensweisen „falsch" war. Wir entwickelten einen Blick für alles „Negative" in uns, bewerteten es übermäßig stark und sahen das „Positive" gar nicht oder als normal an.

Da unser Selbstwertgefühl dadurch entsteht, wie wir über uns selbst denken, bauten wir uns systematisch unsere Minderwertigkeitsgefühle auf. Je mehr wir uns unsere „negativen" Seiten immer wieder vor Augen führten, um so geringer wurde unser Selbstwertgefühl, und damit begann ein Teufelskreis:

Ausgehend von der Idee, „nicht gut genug zu sein, um gemocht zu werden", und den daraus resultierenden Minderwertigkeitsgefühlen suchen wir als Erwachsene nach einem Partner, der uns endlich das

„Gefühl gibt, liebenswert zu sein". Lernen wir einen Menschen kennen, der uns lobt, Komplimente macht, versteht und liebt, schweben wir quasi auf Wolken. Endlich sind diese grausamen Minderwertigkeitsgefühle verschwunden! Wir fühlen uns „auch zu der Menschheit gehörig" und endlich glücklich. Wir empfinden ein nie erlebtes Stärkegefühl, so als ob jemand Luft in uns hineingeblasen hätte und uns zum Schweben bringe. Um dieses schöne Gefühl, geliebt zu werden, nie mehr zu verlieren, sind wir sogar bereit, eigene Bedürfnisse zurückzustellen oder aufzugeben. Wir bemühen uns, es dem Partner recht zu machen, und gehen Konflikten aus dem Weg. Und dennoch hält diese Verliebtheitsphase, der Rauschzustand nicht ewig an. Mit der Zeit der Partnerschaft beginnt unser Partner, uns weniger zu bestätigen, vieles als normal anzusehen, und seinen Blick darauf zu lenken, was ihm nicht an uns gefällt. Er beginnt, Forderungen zu stellen und zu kritisieren, genau wie wir es von unseren Eltern kennen. Und so beginnen wir erneut, an uns zu zweifeln und uns schlecht zu fühlen.

Manche Menschen wählen sich aufgrund ihrer Überzeugung, nicht in Ordnung zu sein und keine Liebe zu verdienen, sogar von Anfang an einen Partner, der ihnen diese Überzeugung bestätigt, sie schlägt und beschimpft. So sehr sie sich auch im Innern nach Liebe und Zuwendung sehnen, sie können gar nicht damit umgehen, wenn sie sie erhalten. Sie wählen als Partner einen Menschen, dessen Verhaltensweisen ihnen vom Elternhaus her vertraut sind.

Haben wir uns einen Partner gewählt, der uns zunächst die Bestätigung gibt, die wir so verzweifelt suchen, kommt die größte Bedrohung unseres Selbstwertgefühls, wenn er sich von uns trennt. Wir werden plötzlich erneut mit all den negativen Gedanken und Gefühlen konfrontiert, die wir glaubten, durch die Partnerschaft ablegen zu können. Wir sehen uns als Versager und unfähig, einen Partner zu halten.

Wir sind also wieder am Ausgangspunkt unserer Reise angekommen - der Suche nach Glück und Zufriedenheit, und diese sind weiter von uns entfernt als jemals zuvor.

Sehen Sie sich auch als Versager? Ist die Trennung ein Beweis für Sie, daß Sie nicht liebenswert sind? Dann ist es für Sie an der Zeit, sich ein positives Selbstwertgefühl zu erarbeiten. Sie selbst sind verantwortlich für Ihr Selbstwertgefühl. Kein Partner kann es Ihnen geben. Wenn Sie Ihrem Partner die Bürde aufladen, daß er Ihnen „das Gefühl gibt, liebenswert zu sein", wird Ihre Partnerschaft scheitern. Sie stellen dann nämlich Forderungen an ihn, die er nicht erfüllen kann. Kein Partner kann Ihnen soviel Zuwendung geben, daß er Ihre eigenen Selbstzweifel, die ununterbrochen in Ihrem Kopf kreisen, auf Dauer auslöschen kann. Ihr Partner hat Ihnen durch sein Verlassen gezeigt, daß Sie an dieser Stelle einen wunden Punkt haben. Sie können die Heilung herbeiführen, auch wenn Sie Ihre Kindheit und Vergangenheit nicht mehr korrigieren können.

Jetzt im Augenblick rufen Sie Ihre Minderwertigkeitsgefühle selbst hervor. Sie selbst denken von sich, versagt zu haben. Auch wenn Ihr Expartner behauptet, daß Sie schuld am Auseinanderbrechen der Beziehung seien, sind Sie nicht alleine dafür verantwortlich. Am Zerbrechen einer Partnerschaft sind immer beide beteiligt. Ihr Expartner kann in Ihnen keine Minderwertigkeitsgefühle und Selbstzweifel hervorrufen, wenn Sie ihm nicht zustimmen. Ihre Minderwertigkeitsgefühle entstehen durch Ihre eigenen Gedanken. Heute als Erwachsener können weder Ihre Eltern noch Ihr Expartner über Ihre Gedanken, Gefühle und Verhaltensweisen bestimmen. Und das ist Ihre Chance. Nur deshalb können Sie sich heute ein positives Selbstwertgefühl schaffen.

Wie sich ein geringes Selbstwertgefühl auf die Partnerschaft auswirkt

Wenn Sie von sich glauben: „Ich bin nicht in Ordnung.", „Ich brauche den Partner, um mich gut zu fühlen.", hat das folgende Auswirkungen auf die Partnerschaft:

• Sie sind verzweifelt, wenn der Partner Sie kritisiert oder ablehnt.
Ihre Strategie, damit umzugehen: Sie bitten um Liebe und Verständnis oder Sie resignieren und fühlen sich in Ihrer Minderwertigkeit bestätigt.

• Sie sind eifersüchtig, wenn der Partner sich bei Freunden oder bei seinem Hobby wohl fühlt.
Ihre Strategie, damit umzugehen: Sie nörgeln und kritisieren ihn.

• Sie haben Schuldgefühle, wenn der Partner unzufrieden oder gekränkt ist.
Ihre Strategie, damit umzugehen: Sie strengen sich besonders an, es wiedergutzumachen.

• Sie sind wütend auf den Partner, wenn er Ihre Forderungen nicht erfüllt.
Ihre Strategien, damit umzugehen: Sie schlucken die Wut hinunter aus Angst vor Konflikten. Ihr Körper reagiert mit psychosomatischen Beschwerden oder aber Sie drücken die Wut offen aus.

• Sie haben Angst, den Partner zu verlieren.
Ihre Strategie, damit umzugehen: Sie stecken eigene Bedürfnisse zurück. Sie sagen zu allem ja und amen. Sie verstecken eigene Schwächen und wollen perfekt sein.

Es lohnt sich also, sich ein positives Selbstwertgefühl zu erwerben - für Sie selbst und für Ihre Beziehung zu anderen.

Wie können Sie ein positives Selbstwertgefühl erlangen?

1. Zunächst einmal brauchen Sie die Bereitschaft, sich ein positives

Selbstwertgefühl zu erarbeiten. Sie müssen bereit sein, die dritte Stufe des Umlernens zu durchlaufen.

Sie werden sich vorkommen, als ob Sie sich belügen und sich etwas vormachen. Erinnern Sie sich dann daran, daß dieses Gefühl völlig normal und unausweichlich ist. Dieses Gefühl bedeutet jedoch nicht, daß Sie sich belügen. Ihr Gefühl ist immer die Folge von Gedanken. Und wenn Sie sich jahrelang abgewertet haben, müssen Sie sich zwangsläufig minderwertig oder gar verabscheuungswürdig fühlen. Ihr Gefühl braucht länger als Ihre Gedanken, um sich zu verändern. Deshalb ist es wichtig, daß Sie Ihr Gefühl in der 3. Stufe des Umlernprozesses ignorieren.

Hören Sie nicht auf ihr Gefühl, es ist nur ein Überrest Ihres alten Programms. Es ist kein Beweis dafür, daß Sie tatsächlich minderwertig sind. Ihre Gefühle haben keinerlei Wahrheitswert, sondern sind lediglich das Resultat Ihrer Gedanken.

Verfallen Sie nicht in den Fehler, negativ über sich zu denken, sich infolgedessen negativ zu fühlen, und dann zu sagen: „Ich würde mich nicht so schlecht fühlen, wenn ich in Ordnung wäre. Mein Gefühl ist ein Beweis dafür, daß ich nicht in Ordnung bin.".

Ihr Denken bestimmt Ihr Fühlen und nicht umgekehrt!

2. Stellen Sie sich zuhause vor Ihren größten Spiegel und schauen Sie sich in die Augen. (nicht auf die Falten, Haare, Pickel, etc.)
Sprechen Sie sich mit Ihrem Vornamen an und sagen Sie laut und deutlich:
„.... (Ihr Vorname), ich bin bereit, Dich so zu akzeptieren, wie Du bist.".

Es ist wichtig, daß Sie sich hierzu im Spiegel anschauen und laut sprechen. Die Wirkung dieser positiven Selbstinstruktion wird dadurch vervielfacht. Sie können den Unterschied spüren, wenn Sie den Satz:

„Ich bin bereit, Dich zu akzeptieren.", einmal leise denken und dann einmal laut sagen: „Ich bin bereit, Dich zu akzeptieren.", während Sie sich direkt anschauen.

Sie wissen, wie gut anderen Menschen Komplimente tun. Die gleiche Wirkung haben sie auch bei Ihnen, wenn Sie sich diese selbst geben - aber erst mit der Zeit. Zu Beginn haben Sie das „Gefühl, sich etwas vorzumachen".

Sprechen Sie zu sich wie zu dem Menschen, den Sie am allerliebsten haben. Versuchen Sie, sich selbst gegenüber diese Wärme und das liebevolle Gefühl zu empfinden, das Sie ihm gegenüber haben. Sie sind sich selbst der beste Freund; der Freund, der Sie niemals verlassen wird. Wenn Sie sich selbst hassen und ablehnen, ist es so, als ob Ihnen Ihr allergrößter Feind ununterbrochen folgt und Sie mit Beschimpfungen bombardiert. Wollen Sie sich das antun?

Diese Übung ist eine der schwierigsten, aber auch gleichzeitig eine der wichtigsten für Sie. Viele meiner Klienten reagieren auf diese Übung so: „Das kann ich nicht, mich im Spiegel anzuschauen.", „Ich kann mich doch jetzt nicht so akzeptieren, erst muß ich mich noch in ... ändern.".

Ich antworte dann immer mit einer Gegenfrage: Wenn ich Ihnen die Aufgabe gegeben hätte, sich im Spiegel anzuschauen und sich zu sagen: „Du bist der größte Versager, der herumläuft. Du bist häßlich. Du bist nicht in Ordnung, usw.", hätten Sie dann auch solche Bedenken gehabt, daß das übertrieben ist? Hätten Sie dann auch den Eindruck, sich zu belügen? Höchstwahrscheinlich nicht, weil Sie solcherlei Kommentare über sich gewöhnt sind. Auch wenn ich Sie überhaupt nicht kenne, behaupte ich: Die Wirklichkeit ist, daß Sie liebenswert sind, genauso wie Sie sind - ohne wenn und aber. Sie haben das Recht, diese Tatsache nicht zu glauben, aber denken Sie daran; das ändert auch nichts an der Wirklichkeit, sondern nur an Ihrem Gefühl.

Es gibt die unterschiedlichsten Reaktionen auf diese Übung. Manche machen sich lustig darüber, andere brechen in Tränen aus, wiederum andere werden ärgerlich über eine solch „alberne Aufgabe". Sie haben die Wahl, wie Sie auf diese Übung reagieren. Ich würde mir wünschen, daß Sie sie einfach machen und zwar so lange, bis Sie die positive Wirkung im Innern verspüren.

3. Erstellen Sie sich eine Liste von den Eigenschaften, die Sie an sich für positiv halten. Mindestens 10 Eigenschaften sollten Sie darin aufführen. Nicht schummeln: mindestens 10 positive Eigenschaften. Ich bin sicher, daß Sie sie besitzen.

Wenn es Ihnen schwerfällt, positive Eigenschaften zu finden, dann stellen Sie sich folgende Frage: „Wenn ich einen Menschen kennen würde, der meine Eigenschaften besitzen würde, welche würde ich dann für positiv halten?". Fur die meisten Menschen ist es einfacher, bei anderen positive Eigenschaften zu entdecken als bei sich selbst.

Vorsicht: Hat sich in Ihnen der Gedanke zu Wort gemeldet, daß man sich selbst nicht loben sollte? Dann sind Sie einem neuen Stolperstein Ihres alten Programmes begegnet. Sie werden nicht überheblich und arrogant, indem Sie sich positive Eigenschaften bewußtmachen. So wie wir anderen Menschen Komplimente machen, dürfen wir sie auch uns selbst geben.

Hier noch ein paar andere Stolpersteine, die Ihnen Ihr altes negatives Programm in den Weg legen könnte, um keine positiven Eigenschaften bei sich zu finden. Es könnte einwenden:

„Ich habe keine besonderen Eigenschaften, die mich von anderen unterscheiden."

„Ich zeige meine positiven Eigenschaften nicht immer, deshalb sind es keine positiven Eigenschaften."

„Ich muß Eigenschaften finden, die jeder andere als positiv ansieht.".

Mit folgenden Argumenten können Sie diese Einwände aus dem Weg räumen:
Wenn ich von positiven Eigenschaften spreche, dann meine ich nicht, daß die Eigenschaften sonst niemand auf der Welt haben darf, oder daß Sie die Eigenschaften immer und überall 100-prozentig zeigen müssen. Es gibt nahezu keine Eigenschaft, die ein Mensch durchgängig immer zeigt. Es genügt, wenn Sie sie den überwiegenden Teil der Zeit aufweisen. Und es gibt auch keine Eigenschaft, die grundsätzlich von allen Menschen zu jeder Gelegenheit als positiv bewertet wird.

Wie steht es nun mit Ihrer Liste. Haben Sie Ihre positiven Eigenschaften inzwischen auf 10 ergänzt? Dann lesen Sie sich bitte die Liste Ihrer positiven Eigenschaften täglich durch. Die Liste negativer Eigenschaften haben Sie bereits gut genug einstudiert. Um diese brauchen Sie sich nicht bewußt zu kümmern.

4. Stellen Sie jede Selbstverurteilung und Abwertung ab sofort ein. Es gibt keinen Sinn, sich für etwas zu verurteilen, was Sie in der Vergangenheit getan haben. Sie haben Ihr Bestes gegeben, was Sie geben konnten, und waren davon überzeugt, daß es richtig war. Sagen Sie sich immer dann, wenn Sie sich dabei ertappen, zu sagen: „Ich bin dumm, unfähig ... Ich hätte besser, schneller ... tun sollen!", folgende alternative Gedanken: „Ich habe in diesem Augenblick mein Bestes gegeben. Das ist alles, was ich tun kann. Jetzt schaue ich nach, wie ich das Beste aus der Situation machen kann, und ob ich meinen Fehler noch korrigieren kann.".
Vorsicht: keine Selbstverurteilung darüber, daß Sie ab und zu noch rückfällig werden und sich selbst verurteilen.

5. Sie sind liebenswert und fähig wie jeder andere Mensch. Deshalb haben Sie genauso ein Recht auf Zufriedenheit wie jeder andere. Erinnern Sie sich daran: Ich habe das Recht,

- mich an die erste Stelle zu setzen. Ich bin nicht der Diener für andere

Menschen.
- meine Gefühle zu zeigen, solange ich niemanden damit schade.
- Fehler zu machen.
- meine Meinung zu äußern.
- allein zu sein, auch wenn andere meine Gesellschaft wünschen.
- nein zu sagen.
- andere um Unterstützung zu bitten.
- die Verantwortung für die Probleme oder das Glück anderer nicht zu übernehmen.

Wenn Sie es bisher nicht gewohnt waren, diese Rechte für sich in Anspruch zu nehmen, zu fordern und zu verteidigen, werden Sie sich unwohl fühlen, es *jetzt* zu tun. Tun Sie es dennoch, denn sie stehen Ihnen zu. Sie möchten doch nicht, daß Ihnen in den nächsten Freundschaften und Partnerschaften dasselbe passiert? Dann müssen Sie an sich arbeiten, sich an die Rechte erinnern und sich innerlich die Erlaubnis geben, danach zu leben - anfangs auch mit Angst und „Schmetterlingen im Bauch".

6. Fragen Sie Ihre Freunde und Bekannten, was diesen an Ihnen gefällt. Lassen Sie diese Äußerungen zu. Hüten Sie sich davor, sie abzuwerten, indem Sie denken: „Wenn die mich näher kennen würden, hätten sie kein so gutes Bild von mir." oder „Sie sagen das nur, weil ich sie nach positiven Dingen gefragt habe." oder „Die wollen nur etwas von mir und deshalb schmeicheln sie mir." oder „Das ist ja nichts Besonderes, jeder andere hätte das auch gemacht.". Wenn Sie sich bei solchen Gedanken ertappen, sagen Sie sich innerlich: „Ich bin bereit, die Komplimente anzunehmen. Es ist deren Meinung über mich.". Schreiben Sie jede einzelne positive Äußerung Ihrer Freunde auf einen Zettel. Sammeln Sie diese Zettel in einer leeren Schachtel. Dies wird Ihr „Erste-Hilfe-Kasten" für seelische Wunden. Immer wenn es Ihnen schlecht geht, lesen Sie bitte diese Zettel durch.

7. Denken Sie daran: Es ist in Ordnung, in bestimmten Bereichen nicht

in Ordnung zu sein. Niemand ist perfekt - auch nicht perfekt negativ. Jeder Mensch hat Schwächen und Stärken.

8. Sich selbst zu mögen ist nicht egoistisch. Wer sich nicht selbst mag, kann andere Menschen auch nicht mögen. Schon in der Bibel heißt es: Liebe deinen Nächsten wie dich selbst. Leider wird der letzte Teil des Satzes oft vergessen. Dann, wenn es Ihnen gutgeht, können Sie auch toleranter, verständnisvoller und liebevoller zu Ihren Mitmenschen sein.

9. Gehen Sie liebevoll mit sich um, wenn Ihnen vieles, was Sie neu lernen müssen, nicht gleich gelingt. Es ist tausend Male besser, etwas Neues auszuprobieren und fehlerhaft zu sein, als es nicht zu wagen.

10. In dem Buch „So gewinnen Sie mehr Selbstvertrauen" von Dr.Rolf Merkle können Sie noch mehr darüber erfahren, wie Sie Ihren „inneren Kritiker" zur Ruhe bekommen und Ihre positive Einstellung sich selbst gegenüber noch weiter ausbauen können.

Ich kann es nur nochmals betonen: Wenn Sie diese Übungen immer wieder sorgfältig wiederholen, werden Sie große Veränderungen an sich erleben. Diese Veränderungen werden sich im Beruf, in Kontakten mit anderen Menschen, im Umgang mit den Kindern, in der Wahl Ihres Partners, in einer zukünftigen Partnerschaft und vor allem in der Art und Weise, wie Sie zu sich selbst stehen und sich fühlen, niederschlagen. Sie werden weniger verletzlich sein, weniger Angst, Aggressionen und Schuldgefühle und mehr Liebe, Toleranz und Harmonie verspüren. Es lohnt sich, daran zu arbeiten.

Freundschaften

„Es gibt andere Menschen, die ich kennenlernen kann."

Nun sind Sie auf Ihrem Weg zum Gipfel ein gewaltiges Stück weiter gekommen. Sie haben sich weitgehend von den nagenden Erinnerungen an Ihren Expartner gelöst. Sie akzeptieren, daß sie beide nicht mehr zusammenkommen werden. Sie können Ihrem Expartner erlauben, zufrieden zu sein, ohne daß Mißgunst und Haß in Ihnen aufsteigen. Sie haben sich durch Selbstzweifel und Selbsthaß durchgearbeitet. Immer deutlicher merken Sie, daß Sie sich um die Anknüpfung neuer Kontakte kümmern können. Sie fühlen keinen Druck, unbedingt Kontakt haben zu müssen und sind auch nicht ablehnend und verschlossen anderen Menschen gegenüber.

Das Anknüpfen an alte Freundschaften ist meist schwierig nach einer Trennung. Die Freunde aus der gemeinsamen Zeit haben sich weitgehend aus Ihrem Leben zurückgezogen. Hauptsächlich fünf Gründe spielen hierfür eine Rolle.

1. Viele Ihrer Freunde haben selbst Angst, von dem „Trennungsvirus" infiziert zu werden. Durch Ihre Trennung wird Trennung plötzlich zum Thema auch für die eigene Partnerschaft. Bei den Freunden kann es zu Aussprüchen kommen wie etwa: „Immer, wenn du mit der ... zusammentriffst, bist du bei deiner Rückkehr unausstehlich. Dann nörgelst du nur an mir. Sie hat einen schlechten Einfluß auf dich und will uns nur auseinanderbringen.".

2. Ein Teil der Freunde ist auch unsicher, für wen er „Partei" ergreifen soll. Plötzlich haben die Freunde den Eindruck, sich zwischen den beiden „Parteien" entscheiden zu müssen. Falls sie sich überhaupt nicht entscheiden können, ziehen sie sich aus einer Hilflosigkeit heraus von Ihnen und Ihrem Expartner zurück.

3. Plötzlich alleinstehend sind Sie als ein möglicher Partner von Interesse. Sie werden von dem gleichgeschlechtlichen Teil des befreundeten Paares als Rivale angesehen, der den eigenen Partner verführen könnte.

4. Ihre Interessen und die Interessen des Freundespaares entwickeln sich durch Ihr Singledasein auseinander. Sie sind unabhängiger bezüglich der Entscheidung über Freizeitaktivitäten, haben eine freie Zeiteinteilung und zudem das Gesprächsthema „Ärger über den Partner" nicht mehr gemeinsam.

5. Möglicherweise haben Sie in Ihren Gesprächen immer wieder das Ende der Partnerschaft und das Nicht-Akzeptieren-Können zum Thema gemacht und die Freundschaft damit überstrapaziert.

Gleichgültig, welcher Grund oder welche Gründe zum Rückzug der Freunde führen, das Ergebnis bei Ihnen ist zunächst einmal Einsamkeit. Sie fühlen sich abgelehnt. Machen Sie nicht den Fehler, die Ablehnung auf Ihre Person zu beziehen und sich zu sagen: „Die auch noch; nicht einmal für die bin ich wichtig.".

Die Ablehnung durch die Freunde sagt nichts über Ihre Person aus, sondern vielmehr über die Fähigkeit der Freunde, mit der neuen Situation, Ihrem Singledasein, umzugehen.

Wenn Sie während der Partnerschaft keinerlei eigene Kontakte zu anderen Menschen gepflegt haben, fühlen Sie sich jetzt um so einsamer.

Aber die Trennung ist für Sie die Chance, zu einem selbständigen Menschen zu werden und Ihre Eigenständigkeit und Interessen stärker zu fördern. Akzeptieren Sie, daß Sie enttäuscht und verletzt sind über das Verhalten Ihrer langjährigen Bekannten und Freunde. Setzen Sie sich zum Ziel, zunächst zu lernen, alleine zu leben. Pflegen Sie dabei Kontakte zu vielen anderen Menschen. Was Sie im Augenblick benötigen, sind gleich- und gegengeschlechtliche Freunde, mit denen Sie eine vertrauensvolle und ehrliche Beziehung aufbauen können. Achten Sie darauf, daß Sie nicht gleich wieder Ihre Bedürfnisse zurückstellen, um den anderen nicht zu verlieren oder zu kränken. Vermeiden Sie es, unbedingt wissen zu müssen, ob der andere eine „feste" Beziehung mit Ihnen haben möchte. Halten Sie nicht Ausschau nach der „großen Liebe". Im Augenblick würden Sie unbewußt die gleichen Fehler wieder begehen wie in der alten Partnerschaft - auch wenn Sie sich ganz ernsthaft vornehmen würden, „alles besser zu machen". Sie fühlen sich angezogen entweder von einem Partner mit denselben oder genau den entgegengesetzten Eigenschaften. Sie haben Ihre neuen Verhaltensweisen noch nicht so weit gefestigt, daß Sie automatisch ablaufen können, und haben noch nicht bewußt entschieden, wie Ihr neues Lebenskonzept aussehen soll.

Suchen Sie nach intensiven Freundschaften und beginnen Sie langsam, wieder Vertrauen zu Menschen zu fassen. Wenn man nach Bekanntschaften sucht, kann man Freunde gewinnen. Einige dieser Freunde können Partner werden. Sucht man nach Partnern, bleiben Freunde und Partner aus. Man strahlt unbewußt aus, unbedingt jemanden zu brauchen, und die anderen bekommen Angst, geklammert zu werden. Andere Menschen finden Sie dann attraktiv, wenn Sie Unterhaltung, Interesse und Achtung vor dem anderen anzubieten haben - nicht, wenn andere Sie trösten und bemuttern müssen.

Wie können Sie Menschen kennenlernen?

1. Pflegen Sie die Aktivitäten, die Sie gerne tun, und suchen Sie dort nach Kontakten.

Die Möglichkeit zum Kennenlernen von Menschen besteht in der Bibliothek, im Kaufhaus, Theater, Kino, Schwimmbad, Büro. Wichtig ist, die Aktivitäten zu tun, bei denen Sie sich schon alleine wohl fühlen. Dann gewinnen Sie auf alle Fälle Spaß und tun etwas für sich - auch wenn niemand da ist, für den Sie sich interessieren. Wenn Sie dabei jemanden kennenlernen, ist der Vorteil, daß Sie dann schon eine Gemeinsamkeit haben, an der Sie beide Freude finden.

2. Besuchen Sie Volkshochschulkurse oder Sprachkurse.
Dort gibt es für jeden ein Angebot. Der Vorteil dabei ist, daß die Kurse meist zweimal im Jahr mit völlig neuen Leuten beginnen. Die Schwierigkeit, „in Grüppchen reinzukommen", entfällt. Sie brauchen mit Ihrem Kursnachbarn kein hochgeistiges Gespräch zu beginnen. Sprechen Sie ihn einfach auf die Situation an wie beispielsweise: „Machen Sie öfter Kurse?", „Wie gefällt Ihnen der Kurs?", „Warum haben Sie sich gerade für diesen Kurs entschieden?".

3. Schauen Sie nach, ob es in Ihrer Stadt eine Selbsthilfegruppe für Getrenntlebende und Geschiedene, für Alleinerziehende, Emotions-Anonymus-Gruppen oder kirchliche Gruppen gibt. Auch die Pro-Familia kann Ihnen hierzu Auskunft geben. Im Anhang dieses Buches finden Sie zudem Adressen von Organisationen, die Ihnen bei der Suche nach einer Selbsthilfegruppe in Ihrer Nähe helfen können.

4. Wenn Sie möchten, können Sie auch eine Kontaktanzeige in die Zeitung setzen, in der Sie nach Gleichgesinnten suchen. Das Inserieren ist heute zu einem beliebten Weg geworden, Menschen, die auch Kontakt suchen, kennenzulernen. Überwinden Sie Ihre Scheu, „daß Sie so etwas nötig haben". Auf den Zufall zu warten, bringt Sie in eine Opferrolle. Wenn Sie sich aufgrund einer solchen Anzeige mit Menschen treffen, dann werden auch solche dabei sein, die nicht Ihren Vorstellungen entsprechen. Das ist jedoch immer so. Auch wenn Sie in ein Lokal oder zu einer Veranstaltung gehen, werden viele Menschen Ihnen nicht so sympathisch sein, daß Sie sie näher kennenlernen wollen.

Für viele Menschen stellt es ein Problem da, wie sie den Anzeigentext formulieren sollen. Hier gibt es kein richtig und falsch. Der Text sollte realistisch sein und dem Leser etwas von Ihren Interessen mitteilen. Er soll Ihnen entsprechen und einen ganz normalen Menschen widerspiegeln. Unterschiedliche Anzeigen werden unterschiedliche Menschen ansprechen. Sie können dabei nichts falsch machen.

Sie können unter Chiffre schreiben, sodaß Sie dann ganz frei auswählen können, auf welche Zuschrift Sie reagieren wollen. Wollen Sie auf die Kontaktanzeige eines anderen schreiben, empfiehlt es sich, den Brief nur mit dem Vornamen und der Angabe der Telefonnummer zu versehen. Dann haben Sie wiederum die Möglichkeit, den Zeitpunkt des Zusammentreffens zu steuern. Anderenfalls könnte der andere ungerufen einmal vor Ihrer Tür auftauchen.

5. Partnervermittlungsinstitute stellen eine weitere Möglichkeit der Kontaktaufnahme dar. Die Stiftung Warentest hat 1990 eine Untersuchung über die Zuverlässigkeit solcher Institute durchgeführt. Von Ihrer örtlichen Verbraucherberatungsstelle (siehe Telefonbuch) erfahren Sie, welche Institute vertrauenswürdig sind. Prinzipiell haben Sie jedoch wesentlich mehr Chancen und es ist billiger, wenn Sie selbst eine auf Ihre Bedürfnisse zugeschnittene Anzeige aufgeben.

6. Sie haben ein Recht darauf, neue Menschen kennenzulernen. Nehmen Sie sich das Recht und suchen Sie nach Kontakten.

Als Frau denken Sie nun vielleicht: „Wenn ich allein in ein Lokal oder zu einer Veranstaltung gehe, werden alle denken, ich sei auf Männerfang." oder „Sie werden mich bedauern." oder „Sie werden denken, ich bin nicht fähig, einen Partner zu finden.". Solche Gedanken sind sehr selbstschädigend, denn sie führen zu Minderwertigkeitsgefühlen und Angst. Vielleicht trauen Sie sich infolgedessen, nur mit einer Freundin zusammen wegzugehen. Vielleicht meiden Sie dann Situationen, in denen Sie Kontakte finden könnten, sogar vollkommen.

Ich finde es sehr bedauerlich, wenn Sie sich durch solche Gedanken lähmen. Sie nehmen sich dadurch die Chance, zu anderen Menschen Kontakt zu finden. Verändern Sie Ihre Einstellung zu sich und Sie werden die Freiheit genießen können. Ihnen steht nicht auf die Stirn geschrieben, daß Ihr Partner sich von Ihnen getrennt hat. Es gibt noch vieles, was andere über Sie als Single denken könnten. Sie könnten denken, Ihr Partner sei krank, auf Reisen, Sie hätten Streit oder einfach Lust, alleine wegzugehen. Sie könnten sich ja auch nur schlicht und einfach freuen, daß sie so einem netten Menschen wie Ihnen begegnen, ohne sich weitere Gedanken zu machen. Tatsache ist auch, daß viele Menschen Sie überhaupt nicht registrieren werden oder sich zumindest keine Gedanken über Sie machen werden. Die meisten Menschen sind viel zu sehr mit ihren eigenen Problemen beschäftigt. Sie sind nicht der einzige Single, der alleine in Lokale geht.

Ihr Problem sind nicht die möglichen Gedanken anderer Menschen, sondern Ihre eigenen Gedanken. Es sind Ihre eigenen Gedanken, daß mit Ihnen etwas nicht stimmt und daß Sie auf Kontaktsuche sind, die Sie anderen in den Mund legen. Gleichgültig, was andere denken, es ist wichtig, was Sie möchten. Sie haben ein Recht darauf, Bekannte und Freunde zu suchen. Und das Alleine-Weggehen ist eine Möglichkeit, dieses Ziel zu erreichen.

Sie sind nicht unfähig und häßlich, nur weil Ihr Partner sich von Ihnen getrennt hat. Sie sind nicht weniger liebenswert, nur weil Ihre Partnerschaft gescheitert ist.

Ich weiß, daß es anfangs sehr viel Überwindung kostet, alleine wegzugehen. Man denkt, jeder schaue auf einen und sehe den „Makel", daß man keinen Partner hat. Lassen Sie sich auch hier nicht von Ihrem Gefühl beirren. Sie sind es nicht gewohnt, alleine oder mit dem Wissen, keinen Partner zu haben, wegzugehen. Deshalb ist es Ihnen bei dem Gedanken, alleine wegzugehen, komisch zumute. Handeln Sie gegen Ihr Gefühl und dieses wird sich wandeln.

Auch wenn es genügend Menschen in unserer Gesellschaft gibt, die Geschiedensein für einen Makel halten, brauchen Sie diese Meinung für sich nicht zu übernehmen. Sie sind ein liebenswerter Mensch, der von seinem Partner verlassen wurde, weil sie beide in ihren Wünschen und Bedürfnissen nicht mehr zusammenpaßten. In der Welt warten noch andere Menschen auf Sie, die mit Ihren Bedürfnissen besser harmonieren.

7. Seien Sie im Augenblick nicht zu wählerisch in der Auswahl Ihrer Bekannten. Es genügt, wenn Sie mit einem Bekannten ein Interesse teilen. Suchen Sie nach mehreren Bekannten, mit denen Sie jeweils eine Aktivität gemeinsam ausführen können. Es geht nicht um die Suche nach einem Partner!

Sexualität

„Ich bin ein Mensch mit sexuellen Bedürfnissen und gestehe sie mir zu."

Die meisten Menschen durchlaufen nach einer Trennung verschiedene Phasen des sexuellen Interesses.

Unmittelbar nach der Trennung kommt es fast immer zu einem deutlichen Nachlassen oder sogar vollkommenen Verschwinden des sexuellen Bedürfnisses. Frauen fehlt jegliches Interesse am Sex, Männer sind häufig impotent. Und das ist auch natürlich und menschlich. Schmerz und Ärger sind nicht vereinbar mit sexuellen Bedürfnissen. Die Gedanken kreisen um den Expartner und können sich noch nicht auf einen neuen Partner richten. Da ein sexuelles Verlangen auch primär über unsere Gedanken und Phantasien entsteht, kann also kein sexuelles Bedürfnis aufkommen. Körperlich fühlen sich Betroffene ohnehin entweder ruhelos oder matt und erschöpft. Akzeptieren Sie diese Ruhepause und Enthaltsamkeit. Zwingen Sie sich in dieser Zeit nicht zu körperlichen Kontakten. Warten Sie, bis Sie wieder Lust verspüren. Die Lust wird sicher wiederkehren.

Danach folgt meist eine Phase, in der ein gesteigerter „sexueller Appetit" aufkommt. Das hängt damit zusammen, daß viele Menschen die Sexualität einsetzen, um ihre Einsamkeit zu überwinden. Sie gehen aus, gleichgültig, ob es ihnen gut oder schlecht geht. Sie fühlen Panik und Einsamkeit zuhause und wollen sich diesen Gefühlen nicht aussetzen. Manche wollen sich durch Sex beweisen, daß sie noch attraktiv sind, und wollen ihr Selbstbewußtsein vergrößern. Das sexuelle Bedürfnis entsteht aus dem Wunsch heraus, sich zu zeigen, daß man persönlich und sexuell in Ordnung ist. Ein sexueller Kontakt wird angebahnt, um körperliche Nähe und das Gefühl, „von Gemocht-Werden" zu verspüren. Manche Menschen wollen auf diesem Wege Freundschaften aufbauen. Häufig endet das sexuelle Zusammensein damit, daß es keinen Höhepunkt gibt, oder daß sie keine Befriedigung daraus ziehen. Viele Menschen haben gleichzeitig mit mehreren Partnern sexuelle Kontakte oder aber ziehen abends los, „um sich einen Partner für eine Nacht zu angeln".

In der Phase erhöhten „sexuellen Appetits" sind kurz andauernde sexuelle Beziehungen sehr häufig. Manche Menschen erkennen sich in dieser Phase nicht wieder. Sie tun Dinge, die sie sich zeitlebens verboten haben. Sie haben das „Gefühl, getrieben zu werden und es tun zu müssen". Später sind sie häufig entsetzt über ihr „unmoralisches Verhalten" und machen sich häufig Schuldgefühle.

Wenn Sie im Augenblick den Drang verspüren, Ihre Sexualität auszuleben, müssen Sie selbst entscheiden, ob Sie sexuellen Kontakt wünschen. Sie können sich entscheiden, erotische Literatur zu kaufen und sich selbst zu befriedigen. Das ist nicht verwerflich, sondern hilft Ihnen dabei, Ihre Sexualität zu entfalten und sich unabhängig von Ihrem Expartner zu machen. Häufig steckt hinter dem sexuellen Bedürfnis auch nur die Suche nach körperlicher Nähe und Zärtlichkeit. Versuchen Sie, mal eine Freundin oder einen Freund durch eine herzliche Umarmung zu verabschieden oder zu begrüßen, und sich so Nähe zu schaffen. Die Phase des erhöhten sexuellen Bedürfnisses endet meist, weil sie leer und langweilig wird, oder weil die Ruhelosigkeit verschwindet.

Danach finden die meisten Menschen wieder zu ihrem gewohnten sexuellen Rhythmus zurück oder finden zum ersten Mal in ihrem Leben ihren eigenen sexuellen Rhyhtmus. Sie entscheiden sich zu tun, was sie tun möchten. Viele kehren zur monogamen Partnerschaft zurück. Gleichzeitig war das Erleben vielfältiger sexueller Kontakte sehr hilfreich für sie. Sie haben erlebt, daß sie auf andere Menschen anziehend wirken und daß andere Menschen andere sexuelle Vorlieben und Praktiken haben. Vielleicht haben sie auch erkannt, daß der Expartner doch nicht „so toll im Bett war", wie sie immer glaubten. Sie machten vielleicht zum ersten Mal seit langem wieder die Erfahrung, daß Sexualität für sie lustvoll sein kann. Einige haben erlebt, daß das bloße sexuelle Ereignis keine Befriedigung bringt. Sie haben erfahren, daß Vertrauen, Verständnis, Kommunikation und Achtung das sexuelle Erlebnis erst wertvoll machen. Andere wiederum erlebten, daß sie auch ohne Liebe die Sexualität lustvoll genießen können.

Vielen Menschen kommen beim sexuellen Beisammensein mit einem neuen Partner Erinnerungen und Phantasien über den Expartner. Die Folge davon ist, daß ihre Lust verschwindet.

Wenn es Ihnen ähnlich geht, dann akzeptieren Sie diese Phantasien und konzentrieren Sie sich dann wieder auf den neuen Partner. Geraten Sie in dieser Situation nicht in Panik. Verurteilen Sie sich nicht. Sprechen Sie stattdessen mit Ihrem neuen Partner über Ihre Probleme, wenn Ihre Erregung durch die Erinnerung an den Expartner plötzlich verschwindet. Das ist menschlich. Ihr Körper und Geist sind noch nicht auf einen anderen Partner eingestellt. Das hat nichts mit der Attraktivität des neuen Partners zu tun und auch nicht damit, daß Sie nicht mit ihm schlafen wollen. Die Erinnerungen sind die Folge der Gewohnheit. Häufig bringen die ersten Erfahrungen mit einem neuen Partner ohnehin kein erregendes Gefühl, da Sie den Körper des Partners und dessen Vorlieben noch nicht kennen und er die Ihrigen auch noch nicht.

Oft beschuldigt sich der Verlassene nach der Trennung auch: „Er sei nicht attraktiv und fähig genug im Bett". Daraus resultieren dann Ängste in der neuen Beziehung, die tatsächlich zum Versagen führen können. Die Tatsache, daß Ihr Partner gegangen ist, bedeutet nicht, daß Sie als Frau oder Mann unfähig sind - auch wenn Ihr Partner es gesagt hat. Genau wie beim Essen gibt es im sexuellen Bereich unterschiedliche Bedürfnisse. Wenn Ihr Expartner und Sie sexuell nicht harmoniert haben, dann bedeutet das nur, daß Sie unterschiedliche Erwartungen und Wünsche hatten. Häufig verbergen sich hinter sexuellen Schwierigkeiten auch Konflikte in anderen Bereichen der Partnerschaft, sodaß man von negativen sexuellen Erlebnissen nicht auf mangelndes sexuelles Interesse oder die Unfähigkeit, Sex lustvoll zu erleben, schließen kann.

Viele Frauen wissen nicht, wie sie Männern begegnen sollen, die „nur das Eine wünschen". Sie haben Angst, als altmodisch abgetan zu werden, wenn sie den sexuellen Kontakt ablehnen.

Ich denke, daß es wichtig ist, Ihr Bedürfnis zu äußern. Wenn Ihr Gegenüber Ihre Wünsche nicht akzeptiert, ist er nicht der Richtige. Äußern Sie frühzeitig deutlich Ihre Wünsche, sonst ist Ihr ganzes Zusammensein von der Angst überschattet: „Er könnte wollen". Denken Sie daran: Sie sind nicht dafür zuständig, daß es dem Partner gutgeht und er seine Wünsche erfüllt bekommt.

Sie müssen zuerst auf Ihre Wünsche achten und sie erfüllen. Sagen Sie ruhig, daß Sexualität für Sie an tiefere Gefühle gebunden ist. Sagen Sie ihm, daß Sie ihn mögen, aber erst besser kennenlernen möchten.

Nun zum Abschluß noch ein paar allgemeine Überlegungen zum Thema Sexualität. Ich sehe Sexualität als einen wichtigen Teil der Partnerschaft an. Ein genußvolles Erleben wird jedoch dann schwierig, wenn Sexualität mit Pflicht verknüpft wird.

Ich erlebe sehr häufig in meiner Praxis, daß das sexuelle Bedürfnis zum Erliegen kommt, wenn der Partner eine bestimmte Anzahl „Geschlechtsverkehr" pro Woche fordert, „weil sie ihm zustehen". Das Bedürfnis nach Sexualität ist von Partner zu Partner unterschiedlich und die Forderung danach, daß der andere doch genausoviel Lust wie man selbst oder mehr Lust haben sollte, ist unsinnig.

Jeder Partner hat das Recht zu wünschen, daß der andere ihm bei der Befriedigung seiner sexuellen Bedürfnisse hilft - aber er sollte dabei berücksichtigen, daß es auch dem Partner gutgeht. Viele Frauen schlafen mit ihrem Partner, obwohl sie keine Lust haben, und nehmen sich dadurch die Freude an der Sexualität immer mehr. Sie spielen dem anderen etwas vor und verspüren mit der Zeit Ekel und absolut kein Verlangen mehr. Das, was eines der schönsten und intensivsten Erlebnisse zwischen zwei Partnern sein kann, wird schließlich zum „Schlachtfeld" und Produkt gegenseitiger Enttäuschungen.

Wie kann Sexualität zu einer lustvollen Erfahrung werden?

1. Seien Sie ehrlich zu Ihrem Partner. Sagen Sie ihm, wenn Sie nicht mit ihm schlafen, sondern vielleicht nur kuscheln möchten. Wenn Sie möchten, können Sie ihm anbieten, ihn mit Mund oder Händen zu befriedigen. Der sexuelle Kontakt ist dafür da, daß sich beide wohl fühlen.

2. Sprechen Sie mit ihrem Partner über die sexuellen Wünsche, die Sie haben. Es ist alles erlaubt, solange es ihnen beiden Spaß und Freude macht und keinem schadet. Ihr Partner ist kein Hellseher.Wenn Sie sich genieren, mit ihm darüber zu sprechen, zeigen Sie ihm mit Ihren Händen Ihre empfindlichen Stellen.

3. Entdecken Sie Ihren Körper, indem Sie sich selbst befriedigen. Nur so können Sie erfahren, was Ihnen guttut. Und so sind Sie unabhängig von Ihrem Partner, wenn er nicht möchte, krank oder verreist ist.

Wenn Sie nicht gewohnt sind, sich selbst zu befriedigen und sich etwas Gutes zu tun, dann treten möglicherweise auch bei dieser Übung am Anfang Scham- und Schuldgefühle auf. Das ist nicht verwunderlich. Ihre Erziehung und die Kirche haben schließlich viel Zeit damit verbracht, sexuelle Bedürfnisse und deren lustvolle Befriedigung als etwas Schlechtes und Unmoralisches darzustellen. Wenn Sie als Frau daran arbeiten wollen, gibt Ihnen Lonnie Garfield Barbach in ihrem Buch „For yourself" Anleitungen, wie Sie Ihre sexuellen Erlebnisse zu größerer Befriedigung steigern können.

4. Entwickeln Sie eine positive Einstellung zu Ihrem Körper. Wenn Sie Ihren Körper betrachten und Ihnen dabei einfällt, daß Sie einen Schwabbelbauch, dünne Spindelbeine, Hängebusen oder Pickel auf dem Rücken haben und das entsetzlich sei, dann können Sie sich bei einem sexuellen Kontakt nicht gehenlassen. Sie werden dann beständig auf der Hut und damit beschäftigt sein, Ihre „Makel" zu verstecken. Im Laufe der Jahre verändert sich jeder Körper und Sie sind nicht mehr in der Pubertät (wobei Sie damals möglicherweise auch nicht glücklich mit Ihrem Körper waren). Stellen Sie sich vor den Spiegel und sagen Sie laut zu sich: „Ich bin bereit, meinen Körper zu akzeptieren. Er hat mich bis hierhin in meinem Leben begleitet.".

5. Denken Sie daran: Sexualität beginnt bei der ersten körperlichen Berührung. Die Berührung muß nicht zum „Endsieg" (Orgasmus) führen. Entscheidend ist, daß Sie sich bei der körperlichen Nähe wohl fühlen. Sexualität hat nichts mit Leistungssport zu tun. Sie müssen nichts beweisen. Sie sind in Ordnung, so wie Sie sind - auch in der Rolle als Frau oder Mann.

6. Wenn Sie einen anderen Menschen ansprechen und ihm Ihr sexuelles Interesse signalisieren und er geht nicht darauf ein, kann das viele Gründe haben. Es muß überhaupt nicht bedeuten, daß Sie für ihn oder gar für alle Menschen unattraktiv sind. Der andere könnte impotent sein, Angst vor Nähe haben, überarbeitet sein, an diesem Tag keine Lust haben, eher auf Partner mit brauen Haaren stehen (während Sie blond sind), schlechte Erfahrung mit seinen Partnern gemacht haben, usw. Es gibt keinen Menschen, der für alle anderen Menschen attraktiv ist. Sie können nur für einen Menschen attraktiv sein, dessen Vorstellung Sie entsprechen. Erinnern Sie sich daran: „Ich habe etwas anzubieten. Ich habe Stärken und Schwächen und werde nach Menschen suchen, die das zu schätzen wissen.".

7. Entwickeln Sie eine positive Beziehung zu Ihrem Partner. Ärger über ihn hemmt Sie, sich hinzugeben. Sprechen Sie mit Ihrem Partner über Ihre negativen Gefühle und das, was Sie gekränkt oder verletzt hat (siehe hierzu auch den Abschnitt über Liebe und Partnerschaft).

Alte Wunden

Wenn ich zusammen mit meinen Klienten im Rückblick nochmals die gesamte Entwicklung der Partnerschaft betrachte, mache ich sehr häufig die Beobachtung, daß in die Beziehung zum Partner die Beziehung zu den eigenen Eltern mithineinspielte. Viele Klienten sprechen davon, daß sie auf keinen Fall eine Partnerschaft wie ihre Eltern führen wollten - und dann haben sie sich in der Partnerschaft genauso verhalten wie ihre Eltern oder ein Elternteil.

Andere Klienten sprechen auch davon, daß sie sich ganz bewußt einen Partner auswählen wollten, der genau das Gegenteil von dem ist, wie Vater und/oder Mutter waren. Und dann mußten sie im Laufe der Partnerschaft feststellen, daß der Partner in vielen Verhaltensweisen genauso wie die Eltern reagierte.

Wenn wir nicht gelernt haben, die Stärken und Schwächen unserer Eltern zu akzeptieren und eine harmonische Beziehung zu ihnen aufzubauen, dann reagieren wir bei unserem Partner genau mit denselben Verhaltensweisen wie bei unseren Eltern. Erleben wir uns z.B. als ständig bevormundet von den Eltern, kritisiert und fühlen uns ihnen ausgeliefert, dann werden wir auch unserem Partner gegenüber bei dem geringsten Anschein von Bevormundung oder sogar bei einfachen Vorschlägen mit Wut und Aggression reagieren. Fühlen wir uns von unseren Eltern ungeliebt und abgelehnt, dann werden wir einen Partner wählen, der uns auch nicht genügend achtet, oder auch sehr schnell folgern, vom Partner nicht genügend oder nicht mehr geliebt zu werden. Wir gehen mit der Erwartung in die Partnerschaft, „endlich jemanden gefunden zu haben, der uns akzeptiert und immer liebt". Dann müssen wir erleben, daß er uns ebenfalls manchmal kritisiert, ablehnt, beschimpft und Forderungen an uns stellt.

Je nachdem, wie wir uns angewöhnt haben, mit unseren Eltern umzugehen, werden wir auch in der Partnerschaft reagieren. Haben wir bei unseren Eltern mit Aggression und Protest reagiert, wird unser Partner unserem Zorn ausgesetzt sein. Haben wir bei unseren Eltern mit Weinen und stillem Rückzug reagiert, wird er uns schmollend, weinend und vielleicht sogar depressiv erleben. Haben wir gelernt, die Meinung und Bedürfnisse unserer Eltern zu akzeptieren, und erkannt, daß wir jetzt als Erwachsene frei entscheiden können, wie wir damit umgehen, werden wir uns auch ruhig mit unserem Partner auseinandersetzen können.

Um eine erfolgreiche Partnerschaft zu führen, müssen wir innerlich Bilanz ziehen und schauen, welche Rolle wir bisher in unserem Leben gespielt haben. Wir können zwischen drei Rollen wählen, die ich zur Verdeutlichung etwas überzeichnet darstelle:

1. die Rolle desjenigen, der immer gibt

Wir glauben minderwertig zu sein und uns ständig durch „Service" die

Anerkennung verdienen zu müssen. Wir stellen eigene Bedürfnisse zurück, sind angepaßt, unterdrücken unsere Aggression. Wir haben keine eigene Meinung und finden gut, was der andere gut findet. Wir versuchen, Bestätigung zu bekommen, indem wir gut zu anderen sind. Dann fühlen wir uns enttäuscht, wenn die Anerkennung vom anderen nicht kommt. Wir machen dem anderen Schuldgefühle, indem wir ihm zeigen, daß es uns „wegen ihm schlecht geht und er doch nicht so mit uns umgehen könne, wo wir ihm so viel Gutes tun". Wir sehen uns als Märtyrer, den die Welt nicht zu schätzen weiß.

2. die Rolle desjenigen, der immer nimmt
Wir sehen uns als besseren Menschen, der weiß, was „gut" und „richtig" ist. Fehler machen nur die anderen. Immer haben die anderen schuld. Wir glauben, alles müsse nach unseren Vorstellungen funktionieren. Wir haben eine Vielzahl von Forderungen, wie der andere sich verhalten sollte, in unserem Kopf und wollen im Mittelpunkt stehen. Dies macht uns leicht verwundbar und wir fühlen uns schnell angegriffen. Wir verteidigen uns durch Aggression und Sarkasmus. Wir fühlen uns gut, wenn wir vom anderen bewundert werden. Wir nehmen vom anderen, ohne seine Bedürfnisse zu berücksichtigen. Wir leben unser Leben genau nach unseren Vorstellungen, ohne die Bedürfnisse des anderen zu erfragen und zu berücksichtigen.

3. die gleichberechtigte Rolle
Wir achten uns und den anderen. Wir äußern unsere Wünsche und hören die des anderen an. Wir suchen nach einem Kompromiß. Wir sind der Meinung, daß alle Menschen in Ordnung sind und ein Recht haben, sich zu äußern und berücksichtigt zu werden.

Meist ist es so, daß sich ein Partner, der eher gibt, und einer, der eher nimmt, in einer Partnerschaft zusammenfinden. Beginnt ein Partner sich zu ändern, indem er beispielsweise selbstsicherer wird und auch seine Wünsche anmeldet, kommt es zu Konflikten. Der andere Partner steht nun vor der Aufgabe, sich darauf einzustellen. Es müssen neue Regeln für die Partnerschaft formuliert und ein neues Gleichgewicht hergestellt werden.

Ich will an dieser Stelle auf keinen Fall darauf hinaus, daß unsere Kindheit schuld ist an unseren Schwierigkeiten in der Partnerschaft. Solch ein Gedankengang hätte ungeheure Nachteile. Zum einen können wir unsere Kindheit nicht mehr korrigieren, zum andern wären wir unfähig, uns zu verändern. Gleichgültig, wie Ihre Eltern sich Ihnen gegenüber verhalten, und wie Sie bis jetzt auf diese reagiert haben, können Sie Ihr altes Verhaltensmuster verändern. Sie können lernen, sich weniger bedroht von Ihren Eltern und dem Partner zu sehen. Sie können lernen, den anderen zu akzeptieren und seine Reaktion als Zeichen seiner persönlichen Einstellungen zu sehen. Sie können lernen, sich selbst und Ihr Verhalten zu akzeptieren - auch wenn Sie sich in manchen Punkten genau wie Ihre Mutter oder Ihr Vater verhalten.

Es ist ein Trugschluß zu glauben, daß sich mit dem Austausch des Partners automatisch Ihre Probleme lösen. Sie müssen Ihr altes Programm verändern, bevor Sie eine erfolgreiche Partnerschaft erleben können.

Im folgenden möchte ich Ihnen ein paar Übungen anführen, die Ihnen helfen, eine gute Beziehung zu Ihren Eltern herzustellen. Ziel der Übungen ist es nicht, Ihre Eltern zu verändern. Ihre Eltern haben ihr Leben lang gelebt, wie sie leben. Sie werden die Eltern nicht mehr verändern können. Sie können diese Übungen auch durchführen, wenn Ihre Eltern schon verstorben sind, denn durch Ihre Erinnerung haben sie noch Einfluß auf Sie und sind noch lebendig.

Ihre Eltern brauchen sich nicht zu verändern, damit Sie sich ihnen gegenüber ruhig oder zumindest besser fühlen. Sie können ganz allein für sich durch eine Veränderung Ihrer Einstellungen eine bessere Beziehung aufbauen. Sie brauchen auch Ihr Verhalten zu den Eltern nicht verändern, wenn Sie es nicht möchten. Es geht um eine Veränderung

Ihrer Gefühle, wenn Sie an die Eltern denken.

Haben Sie Vorwürfe gegenüber den Eltern? Lehnen Sie es ab, Ihre Eltern zu sehen? Sehen Sie sich Forderungen von den Eltern ausgesetzt? Möchten Sie sich auf keinen Fall wie Ihre Eltern verhalten?

Dann werden Sie jedesmal, wenn Sie an die Eltern denken, Haß, Angst oder Schuldgefühle verspüren. Auch wenn Sie sich vorgenommen haben, Ihre Eltern aus Ihrem Gedächtnis zu streichen, und nichts mehr von ihnen wissen wollen, werden diese und die damit verbundenen Gefühle für Sie existieren. Gleichgültig, ob wir Menschen hassen oder lieben, spielen diese Menschen in unserem Leben eine gewichtige Rolle. Auch wenn wir genau das Gegenteil von dem tun, was die Eltern von uns erwarten, bestimmen sie unser Verhalten. Jede Rebellion und jeder Protest ist genauso von dem anderen gesteuert wie der Gehorsam - nur tun wir das Gegenteil, weil wir nicht das tun wollen, was er verlangt. Statt zu tun, was wir „tun sollten", tun wir das, was wir „nicht tun sollten". Unser Ziel sollte sein, das zu tun, was wir selbst tun wollen, weil wir es als passend für unser Leben und unsere Ziele ansehen.

Eigenverantwortung und Freiheit haben wir dann errreicht,

- wenn wir das tun, was wir möchten, um uns Gutes zu tun, und nicht um anderen zu gefallen,
- wenn wir uns akzeptieren, auch wenn unsere Eltern uns nicht in der Form akzeptiert haben, wie wir das gerne gehabt hätten,
- wenn wir die Eltern so akzeptieren, wie sie sind - und sie nicht verändern wollen, nur damit es uns gutgeht,
- wenn wir die Meinung unserer Eltern annehmen können, ohne uns unter Druck zu fühlen, uns danach zu richten, - aber auch ohne das Bedürfnis, ihnen die Meinung zu sagen und sie „fertigzumachen". Wir können die Meinung als die Meinung der Eltern, die aus deren Lebensgeschichte resultiert, annehmen und dann ruhig entscheiden, ob sie

auch für unser Leben paßt.

Wie können Sie Frieden mit Ihren Eltern schließen?

1. Schreiben Sie einen Brief an den Elternteil, mit dem Sie die meisten Probleme haben. Schicken Sie den Brief nicht ab, aber schreiben Sie ihn so, als ob Sie ihn abschicken wollten. Thema des Briefes ist: „An Mutter (Vater): Was ich Dir schon immer sagen wollte, wenn ich mich getraut hätte ..."
Führen Sie in diesem Brief alle wichtigen Vorwürfe und Enttäuschungen auf. Schreiben Sie, wie Sie sich gefühlt haben, als Ihre Mutter (Vater) sich so ... verhalten hat.
Schließen Sie den Brief mit den Sätzen ab:
„Ich bin bereit, Dir zu verzeihen. Du hast das getan, was Dir aufgrund Deiner Lebensgeschichte möglich war. Du bist genau wie ich nur ein Mensch mit Stärken und Schwächen.".

2. Bringen Sie in Erfahrung, wie Ihre Mutter und Ihr Vater aufgewachsen sind. Fragen Sie Verwandte, Geschwister oder die Eltern selbst. Sie brauchen mehr Wissen über die Kindheit und Lebensgeschichte der Eltern, um deren Verhalten verstehen zu können. Es geht bei diesen Übungen nicht darum, gutzuheißen, was die Eltern getan haben, sondern zu verstehen, warum sie sich Ihnen gegenüber so verhalten haben. Die Eltern sind selbst „Opfer ihrer Eltern". Alles, was sie getan haben, ist ein Ausdruck von Liebe und Interesse, soweit es ihnen überhaupt möglich war.

3. Versetzen Sie sich an die Stelle Ihrer Mutter/Ihres Vaters und schreiben Sie einen Brief aus deren Sicht:
„Liebes Kind, was ich Dir schon immer sagen wollte, wenn ich mich getraut hätte ..."
Lassen Sie Ihre Eltern in diesem Brief zu Ihnen sprechen und erklären, warum sie sich Ihnen gegenüber so verhalten haben. Wenn Sie beim

Schreiben dieses Briefes traurig werden, lassen Sie die Tränen ruhig fließen. Sie zeigen, wie sehr Sie sich Ihren Eltern verbunden fühlen.

- 6 -
Phase IV: Neues Lebenskonzept

erwachen
endlich frei durchatmen
neue, nie erlebte freiheit
bin ich es
der das spürt
wärme und liebe durchfluten mich
ich könnte mich
und die ganze Menschheit umarmen

Nun ist es geschafft. Der Gipfel des Berges liegt vor uns. Wenn Sie wissen möchten, ob Sie schon mit mir bis zum Gipfel aufgestiegen sind, beantworten Sie die folgenden Fragen mit „ja" oder „nein":

Sind Sie sich der Gründe für die Trennung bewußt und können sie akzeptieren?	ja/nein
Kennen Sie Ihre eigenen Wünsche und Bedürfnisse und achten Sie auf sie?	ja/nein
Haben Sie Vertrauen in Ihre Fähigkeit, alleine zu leben?	ja/nein
Wissen Sie, worauf Sie in einer neuen Partnerschaft besonders achten möchten?	ja/nein
Erleben Sie den Körper wieder im Gleichgewicht und spüren mehr Energie?	ja/nein
Haben Sie eine liebevolle Beziehung zu sich selbst?	ja/nein
Haben Sie sich neue Ziele für den Beruf oder das Privatleben gesteckt?	ja/nein
Können Sie anderen Menschen wieder vertrauen?	ja/nein
Sehen Sie sich als einen freien unabhängigen Menschen an?	ja/nein

Sind Sie in der Phase IV auf dem Gipfel angekommen? Dann ermöglicht Ihnen die Höhe einen Blick zurück auf den Weg vom Tal zu Ihrem jetzigen Standort. Sie haben sich geöffnet, den Trennungsschmerz und die Wut voll zu erleben. Sie können jetzt die Trennung akzeptieren. Gleichzeitig haben Sie Ihren Expartner weder vergessen, noch denken Sie mit Haß an ihn zurück. Sie haben ihm und sich verziehen. Sie sind ihm dankbar für die Zeit und die Erfahrung, die Sie mit ihm machen durften. Sie haben die schönen Seiten der Partnerschaft in Erinnerung, aber auch die Fehler, die sie beide gemacht haben, erkannt. Sie haben die Rolle als Partner abgelegt und sich neue Verhaltensweisen zugelegt.

Nun dürfen Sie die Freiheit genießen. Ich möchte mit Ihnen zusammen noch einen Schritt weitergehen. Wir wollen uns damit beschäftigen, wie Sie sich eine neue erfolgreiche Partnerschaft schaffen können.

Vertrauen

Bei der Bewältigung eines Verlustes haben wir 4 Aufgaben zu lösen:

1. Wir müssen den Verlust akzeptieren.
2. Wir müssen den Schmerz und all die negativen Gefühle akzeptieren und durchleben.
3. Wir müssen lernen, alleine zu leben.
4. Wir müssen lernen, uns für andere Menschen und eine neue Partnerschaft wieder zu öffnen.

Wir wollen uns nun an den vierten Schritt heranwagen. Viele Menschen haben nach einer Trennung große Angst vor einer neuen engen Beziehung, obwohl sie es sich im Innern sehr stark wünschen. Sie befürchten, wieder dieselbe Erfahrung zu machen und den Trennungsschock noch einmal erleben zu müssen. Sie haben kein Vertrauen mehr zu anderen Menschen. Es ist ihnen nicht möglich, sich vorzustellen, daß eine neue Beziehung schön und dauerhaft sein kann. Aufgrund ihrer Einstellungen: „Niemand will mich mehr.", „Alle Männer/Frauen sind schlecht.", schaffen sie Distanz und vertreiben die Menschen, die an ihnen interessiert sind.

Um wieder Vertrauen fassen zu können, müssen Sie zuerst Ihre Einstellungen verändern. Genau wie Sie suchen andere Menschen Kontakte und Freunde. In unserer Gesellschaft wird jede 3. Ehe geschieden, d.h. es muß auch Menschen geben, die festen Willens sind, eine neue Partnerschaft einzugehen. Sie haben einen Einfluß auf den Verlauf der Partnerschaft und können aus den Fehlern, die Sie und Ihr Expartner gemacht haben, für eine neue Beziehung lernen. Wenn Sie gelernt haben, alleine zu leben und dabei zufrieden zu sein, hat Ihre zukünftige Partnerschaft mehr Chancen, erfolgreich zu sein. Sie haben keine Kontrolle darüber, daß ein neuer Partner für immer bei Ihnen bleiben wird. Sie wissen jedoch, daß Sie eine neue Trennung bewältigen können. Sie wissen, wie Sie mit Ihren Gefühlen umgehen können.

Es gibt keine Garantie für eine dauerhafte Partnerschaft, denn alle Menschen verändern sich im Laufe ihres Lebens. Es gibt keine Garantie dafür, daß sich beide Partner in derselben Richtung weiterentwickeln. Außerdem kann die Partnerschaft durch den Tod des Partners plötzlich beendet werden. Die Tatsache, daß Ihre Partnerschaft zerbrochen ist, sagt nichts darüber aus, daß Sie nicht liebenswert und bindungsfähig sind. Es sagt lediglich aus, daß die Erwartungen von Ihnen und Ihrem Partner nicht mehr übereinstimmten.

Beginnen Sie langsam, wieder nach neuen Kontakten Ausschau zu halten - nur mit dem Ziel, andere näher kennenzulernen. Verbannen Sie Gedanken aus Ihrem Kopf wie: „Kann ich mit ihm ein Leben lang leben?". Öffnen Sie sich und erzählen Sie etwas Persönliches von sich. So schaffen Sie Nähe und Vertrauen. Wenn Sie das Risiko eingehen, anderen gegenüber ehrlich und offen zu sein, können Sie erfahren, daß viele sich ebenfalls öffnen.

Menschen, deren Partner sich von ihnen trennte, neigen in einer neuen Beziehung zu völliger Anpassung oder zu Schwarzmalerei.

1. Schwarzmalerei:
Sie sehen schwarz für die neue Beziehung. Sie suchen ständig nach Alarmsignalen dafür, daß die neue Beziehung genau wie die alte enden wird. Sie haben eine „schwarze Liste" mit all den Verhaltensweisen Ihres Expartners im Kopf. Wenn der neue Partner eine dieser Verhaltensweisen zeigt, geht das rote Lämpchen an. Gleichzeitig haben sie unrealistische Erwartungen: „Wenn etwas nicht ganz perfekt ist, möchte ich nicht einmal einen Teil davon haben.".

2. Totale Anpassung:
Sie versuchen mit allen Mitteln, ein erneutes Scheitern der Partnerschaft zu vermeiden, indem sie sich an den neuen Partner anpassen. Sie verzichten auf eigene Bedürfnisse und Wünsche. Sie werden von der Sehnsucht getrieben: „Ich brauche jemanden, der mich wieder zu einem vollständigen Menschen macht.". Sie reduzieren gleichzeitig ihre Erwartungen an den neuen Partner. Hauptsache ist für sie, nicht mehr alleine zu sein, gleichgültig, welchen Preis sie dafür zahlen müssen.

Bei beiden Verhaltensmustern wird nicht geprüft, ob es sich nicht doch um eine tragfähige Beziehung handelt. Sie beruhen auf der Annahme, daß der neue Partner mit dem Expartner identisch ist. Es gibt jedoch keine Partnerschaft, die einer anderen vollkommen gleicht, weil alle Menschen verschieden sind. Es gibt lediglich Ähnlichkeiten.

Um in einer neuen Partnerschaft nicht mit totaler Anpassung oder Schwarzmalerei zu reagieren, können Sie folgendes tun:

1. Wenn Sie zum Schwarzsehen neigen:
Sprechen Sie mit Ihrem neuen Partner über Ihre Ängste. Erzählen Sie ihm, daß Ihr Expartner sich auch immer so verhalten hat und Sie deshalb befürchten, die neue Beziehung würde genauso enden. Erinnern

Sie sich daran, daß Sie einen neuen Partner vor sich haben, der andere Einstellungen als Ihr Expartner hat. Lenken Sie Ihren Blick bewußt auf die Eigenschaften, die Ihnen an Ihrem neuen Partner gefallen.

2. Wenn Sie zur Anpassung an den Partner neigen:
Sprechen Sie mit Ihrem Partner darüber, was Sie an ihm stört. Wenn Sie schweigen und Ihre Kritik hinunterschlucken, geben Sie Ihr Einverständnis zu seinem Verhalten. Auf Dauer können Sie die Partnerschaft nicht retten, indem Sie alles akzeptieren. Im Gegenteil, Sie nehmen sich die Chance, eine zufriedenstellende Partnerschaft zu erreichen. Der andere kann sich, selbst wenn er möchte, nicht ändern, solange er nicht weiß, was Sie an ihm stört.

Liebe und Partnerschaft

In unserer Gesellschaft ist das Wörtchen Liebe in aller Munde. Unzählige Bücher, Filme, Lieder und Gedichte haben die Liebe zum Thema. Jeder hat im Laufe seiner Kindheit eine bestimmte Vorstellung von Liebe vermittelt bekommen.

Wenn ich fragen würde, was Liebe für Sie bedeutet, was würden Sie mir antworten? Die meisten Menschen haben die Vorstellung, daß sie einmal in ihrem Leben der großen Liebe begegnen werden. Diese Liebe würde plötzlich „wie vom Blitz getroffen" über sie hereinbrechen und das ganze Leben lang anhalten. Sie warten auf die Liebe „auf den ersten Blick". Sie träumen schon als Kind davon, „wenn sie groß sind, ihrem Traumpartner zu begegnen" und mit ihm bis an ihr Lebensende glücklich zu sein, immer voll akzeptiert zu werden, alles gemeinsam zu erleben und immer seine Wünsche erfüllt zu bekommen. Kurz gesagt, das Paradies auf Erden.

Die Wirklichkeit sieht jedoch meist anders aus!

Allerhöchstens in der Phase der Verliebtheit, der Zeit des Kennenlernens und ersten Fühlungnehmens gehen diese Erwartungen in Erfüllung. In dieser Zeit ist der andere der unfehlbare, verständnisvolle Märchenprinz oder die Prinzessin. Jeder sieht den anderen als Ideal. Man glaubt, die wenigen Schwächen seines Partners würden sich noch legen. Jeder Partner ist bereit, eigene Bedürfnisse zurückzustecken und zu sagen: „Ich tue es gern für ihn, Hauptsache wir sind zusammen.". Jeder versucht, seine Schwächen noch zu verstecken, und zeigt „Balzverhalten". Wir neigen dazu, nett zum Partner zu sein, um ihn für uns zu gewinnen. Wir wollen einen guten Eindruck auf ihn machen und von ihm hören, daß er uns mag.

Aber diese Fassade ist auf Dauer nicht aufrechtzuerhalten. Jeder beginnt mit der Zeit, sein „wahres" Wesen zu zeigen.

Wenn wir einen Partner gesucht haben, weil wir glauben, ihn zu brauchen, um glücklich zu sein, dann sind wir abhängig von ihm. Diese Liebe aus Abhängigkeit kann sich in zwei Formen äußern:

Einmal gibt es diejenigen, die nach der Verliebtheitsphase beginnen, die Erfüllung ihrer eigenen Bedürfnisse zu fordern und durchzusetzen. Sie erkennen, daß es sich bei ihnen und ihrem Partner um zwei getrennte Menschen mit unterschiedlichen Einstellungen und Bedürfnissen handelt. Anfänglich nehmen sich diese Menschen noch zusammen. Aufkommenden Ärger unterdrücken sie oder lassen ihn an anderen ab. Wenn sie sich jedoch ihres Partners sicher sind, dann nehmen sie keine Rücksicht mehr auf ihn. Sie beginnen, an ihrem Partner zu nörgeln und ihren Blick auf die negativen Seiten zu lenken. Gerade gegenüber dem Menschen, der ihnen am wichtigsten ist, zeigen sie am schnellsten direkt ihre Ungeduld und Intoleranz. Sie halten an ihrem idealisierten Bild vom Partner fest: „Ich liebe ihn, aber ... Wenn er nur in diesem einen Punkt anders wäre.". Sie kämpfen darum, daß der andere sich nach ihren Vorstellungen verändert, indem sie ihn kritisieren, korrigieren und beschimpfen.

Zum anderen gibt es diejenigen, die ebenfalls nach der Verliebtheitsphase beginnen, die Schwächen des Partners zu entdecken, aber ihre Kritik und Enttäuschung nicht direkt äußern. Sie stellen im Innern Forderungen an den Partner, passen sich aber nach außen hin voll an. Sie verfallen in Selbstzweifel, Depressionen und sehen sich als Opfer. Liebe bedeutet für diese Menschen: etwas für den anderen tun, für jemanden sorgen, nett sein, keine Bedürfnisse äußern, um keine Ablehnung zu riskieren, perfekt sein, seine Meinung zurückhalten.

Gemeinsam ist den „Nörglern" und den „Anpassern" die Enttäuschung über die mißglückte Partnerschaft.

Meiner Meinung nach muß eine Partnerschaft mit dermaßen hohen Erwartungen vom allerhöchsten dauerhaften Glück, beständiger menschlicher Wärme und Unfehlbarkeit des Partners zwangsläufig in die Brüche gehen. Ich möchte eine solche Partnerschaft nicht als Partnerschaft aus Liebe bezeichnen. Für mich gibt es zwei Arten von Liebe:

a) Die ideale Liebe

Die ideale Liebe ist ein Gefühl, das entsteht, wenn wir bereit sind, den Partner bei der Erfüllung seiner Wünsche zu unterstützen. Wir akzeptieren den Partner in seiner Eigenständigkeit voll und ganz und stellen keine Forderungen an ihn. Die ideale Liebe ist bedingungslos. Sie ist nur möglich, wenn wir uns selbst auch vollkommen akzeptieren und nicht vom Partner abhängig fühlen. Sie ist nur möglich, wenn wir wissen, daß wir für unsere Zufriedenheit selbst verantwortlich sind, und uns auch darum bemühen.

Anders ausgedrückt, je mehr wir uns selbst akzeptieren, desto eher können wir unseren Partner bedingungslos lieben. Je mehr wir selbst für unsere Zufriedenheit sorgen können, desto eher können wir den Partner tolerieren. Die meisten Menschen sind davon jedoch meilenweit entfernt.

b) Die gewöhnliche Liebe

Die gewöhnliche Liebe ist ein Gefühl, das wir für jemanden empfinden, der uns gibt, was wir haben möchten. Wahrscheinlich stoße ich mit dieser Auffassung bei Ihnen auf heftigen Widerstand. Ich wage es trotzdem, sie zu beschreiben.

Wenn wir im Alltag von Liebe sprechen, dann ist Liebe gleichbedeutend damit, daß der andere unsere Bedürfnisse bereits erfüllt, oder wir die Hoffnung haben, daß er sie noch erfüllen wird. Wir verlieren dieses Liebesgefühl, wenn der andere unsere Bedürfnisse nicht erfüllt oder uns nicht wiederliebt.

Das klingt sehr egoistisch, aber schauen Sie einmal bei sich nach: Welchen Menschen bringen Sie Gefühle der Sympathie und Liebe entgegen? Welche Menschen mögen Sie nicht?

Ich behaupte, Sie mögen die Menschen, in deren Gegenwart Sie sich wohl fühlen. Sie mögen die Menschen, die gut zu Ihnen sind und Ihnen zustimmen.

Ich behaupte, Sie lehnen die Menschen ab, von denen Sie sich nicht akzeptiert sehen und die Ihre Erwartungen nicht erfüllen. Oder ist das bei Ihnen anders als bei den meisten Menschen?

Fast alle Menschen verstehen unter Liebe die gewöhnliche Liebe. Sie gehen in erster Linie in die Partnerschaft, um etwas vom Partner zu bekommen, und nicht um etwas zu geben. Zu Beginn der Partnerschaft steht quasi ein Mangelzustand. Wir brauchen den Partner, um uns gutzufühlen. Wir fordern vom Partner, daß er sich nach unseren Erwartungen verändert.

Fast immer dann, wenn wir ärgerlich, eifersüchtig oder neidisch auf unseren Partner sind, können wir davon ausgehen, Liebe damit gleichzusetzen, daß der andere unsere Vorstellungen erfüllen muß. Unser Wunsch danach, geliebt zu werden, läßt uns häufig vergessen, daß der andere nicht dazu da ist, unsere Wünsche zu erfüllen.

Besonders Frauen sind so erzogen worden, Liebe zu zeigen, indem sie für den anderen da sind. Sie geben ihm das größte Stück Fleisch, versorgen abends nach der Arbeit noch den Haushalt, stehen bei Krankheit trotzdem auf, etc. Aber diese Art von Aufopferung täuscht! Zunächst scheint es, als ob das dann doch die „wahre" bedingungslose Liebe sei: alles für den anderen zu tun.

Wenn wir genauer hinschauen, so erwarten auch die meisten Frauen von ihrem Partner immer eine Gegenleistung dafür: „Wenn ich schon ... tue, dann solltest du ... auch tun!".

Viele Frauen haben Angst, die Zuwendung und Unterstützung ihres Partners zu verlieren, und verstecken deshalb ihre Enttäuschung und den Ärger möglicherweise eine Zeitlang. Aber irgendwann schließlich rebellieren sie gegen seine Ungerechtigkeit. Sie rebellieren gegen das, „was er ihnen antut", oder bekommen psychosomatische Beschwerden.

Es ist richtig, daß viele Männer Frauen gegenüber bestimmte Verhaltensweisen zeigen, aber nicht, daß sie sie den Frauen antun, und diese nichts dagegen tun können. Sie haben sich freiwillig in diese Anpassungsposition begeben, weil sie Angst hatten, den Partner zu verärgern oder zu verlieren. Zu jedem „Unterdrücker" gehört jemand, der sich „unterdrücken" läßt.

Wir können uns um so freier entscheiden, welche Verhaltensweisen unseres Partners wir akzeptieren und welche nicht, je mehr wir gefühlsmäßig und auch materiell von ihm unabhängig sind.

Gefühlsmäßig unabhängig zu sein, bedeutet, sich frei dafür entscheiden zu können, daß man sein Leben mit dem Partner zusammen verbringen möchte, weil es gemeinsam schöner ist und gemeinsame Interessen vorhanden sind. Es bedeutet nicht, den Partner zu brauchen, weil man sich selbst nicht als liebenswert betrachtet und sein Leben nicht alleine leben kann.

Nur wenn wir uns so annehmen können, wie wir sind, und den Partner annehmen können, wie er ist, ist eine bedingungslose Liebe möglich. Der Weg dorthin ist hart. Wir werden es niemals schaffen, immer dieses Liebesgefühl zu empfinden, aber wir können daran arbeiten. Sich und den Partner so zu lieben, wie wir sind, ist das größte Geschenk, das wir uns machen können.

Die Partnerschaft ist ein Gewinn-Gewinn-Spiel

Ich sehe die Partnerschaft als ein Gewinn-Gewinn-Spiel an. Es geht nicht darum, daß ein Partner gewinnt und der andere verliert. Seine eigenen Bedürfnisse und Interessen dem anderen zuliebe aufzugeben, muß auf Dauer zu Enttäuschung, Haß und körperlichen Beschwerden führen. „Ich tue alles für ihn, gleichgültig, was er will." oder „Wenn er wüßte, was ich wirklich möchte, würde er mich nicht mehr mögen.", sind typische Aussagen von Menschen, die ihre Bedürfnisse zurückstellen, nur um dem Partner zu gefallen. Sie verzichten freiwillig auf ihre Freude und Zufriedenheit. Sie tun etwas „ihm zuliebe" und erwarten eine Gegenleistung von ihrem Partner dafür. Sie schieben ihrem Partner die Verantwortung für ihre Zufriedenheit zu. Sie vermeiden damit kurzfristig Konflikte und Auseinandersetzungen mit dem Partner. Aber meistens sehen sie sich langfristig enttäuscht, weil sie nicht zurückbekommen, was sie möchten.

So schön Harmonie in der Partnerschaft ist, umso gefährlicher ist sie auf Dauer. Vollkommene Übereinstimmung in der Partnerschaft erzeugt einen Stillstand und deutet meist daraufhin, daß einer oder beide

Partner Konflikte vermeiden.

Nur wenn beide Partner sich entfalten können, ohne dabei den anderen in wesentlichen Dingen einzuschränken oder abzuwerten, ist eine Partnerschaft dauerhaft erfolgreich.

Ich weiß, daß das sehr utopisch klingt. Man wird sich in einer Partnerschaft nicht immer in allen Bereichen voll verwirklichen können. Ich gehe davon aus, daß eine Partnerschaft, in der man sich den überwiegenden Teil der Zeit wohl fühlt, erreichbar und möglich ist. Kompromisse und das gegenseitige Nachgeben sind notwendig. Ständiges Auseinandersetzen mit den Wünschen und Bedürfnissen des Partners bleibt niemandem erspart, der sich eine erfolgreiche Partnerschaft als Lebensziel gewählt hat.

Sofern die Vorstellungen in ganz wichtigen Lebensbereichen weit auseinandergehen, ist eine Trennung besser als der ständige Kampf darum, wer nachgibt. Kein Partner hat einen Anspruch darauf, daß der andere sich seinetwegen vollkommen ändert.

Auch Kinder sind kein ausreichender Grund, eine Partnerschaft aufrechtzuerhalten. Kinder, die in einer Partnerschaft voller gegenseitiger „Vernichtungsstrategien" aufwachsen, bekommen ein sehr negatives Bild davon, wie eine Partnerschaft aussieht. Ganz abgesehen davon, daß unzufriedene und unglückliche Eltern nicht gerade geduldige, verständnisvolle, liebende Eltern sein können. Häufig versuchen die Eltern in solchen Partnerschaften zudem noch, die Kinder auf „ihre" Seite zu bringen und gegen den Partner aufzuhetzen.

Welche hilfreiche Sicht und welche neuen Verhaltensweisen können Sie für die Partnerschaft entwickeln?

1. Liebe ist kein ewig andauerndes, plötzlich über Sie hereinbrechendes

Gefühl, das ein anderer bei Ihnen auslöst. Es ist ein Momentereignis, das Sie sich selbst schaffen, indem Sie sich positive und liebevolle Gedanken über Ihren Partner machen. Es ist möglich, den Partner in einem Moment zu lieben und im nächsten Moment zu hassen. Wenn Sie sich gekränkt fühlen, dann werden Sie ihn hassen. Weder Ihr Partner kann Ihre Liebe erzwingen, noch können Sie seine erzwingen. Dazu gehört die gegenseitige Bereitschaft und Fähigkeit zu lieben. Menschen trennen sich dann und hören auf, Liebe füreinander zu empfinden, wenn ihre Bedürfnisse nicht mehr befriedigt werden.

2. Eine Partnerschaft kann nur erfolgreich sein, wenn sie nicht unbedingt „notwendig" für den Einzelnen ist. Erst wenn Sie alleine leben und zufrieden sein können, sind Sie fähig zu einer weitgehend bedingungslosen Partnerschaft. Wenig hilfreiche Motive, eine Partnerschaft einzugehen, sind:

- um Einsamkeit zu überwinden,
- um dem Elternhaus zu entfliehen,
- um den Erwartungen anderer zu entsprechen,
- um jemanden zu bemuttern oder bemuttert zu werden,
- um Bestätigung zu bekommen,
- um materiell abgesichert zu sein.

3. Die Partnerschaft ist dann erfolgreich, wenn beide Partner ihre wichtigsten Bedürfnisse weitgehend erfüllt bekommen, wenn also ein Gleichgewicht besteht. Zeigen Sie dem Partner von Anfang an, wie Sie wirklich sind. Sprechen Sie mit Ihrem Partner gleich zu Beginn einer Partnerschaft über Ihre Wünsche. Das stört zwar ein wenig den Zauber des Verliebtseins, erspart aber Enttäuschungen. Teilen Sie Ihre Wünsche in entspannter Atmosphäre mit, ohne den Partner als Menschen abzulehnen. Sagen Sie ihm, daß Sie ihn mögen und sich an ihm ... wünschen würden. Formulieren Sie Ihre Vorstellungen als Wunsch und nicht als Kritik. Das erleichtert es dem Partner, diese anzunehmen. Der Partner ist kein Hellseher. Zu lieben genügt nicht, um zu wissen,

was der andere möchte. Wenn Sie Ihre Wünsche gleich zu Beginn mitteilen, ist es für Ihren Partner einfacher, sie zu erfüllen. Gleichzeitig können Sie, bevor Sie sich gefühlsmäßig schon zu stark auf Ihren Partner eingelassen haben, erkennen, ob sie sich in genügend Bedürfnissen gleichen. Je mehr gemeinsame Bedürfnisse und Interessen sie haben, desto einfacher ist es, sie beide zufriedenzustellen.

Wenn Sie Ihre Wünsche nicht äußern,
sind Sie dafür verantwortlich,
daß Sie sich in Ihrer Partnerschaft unglücklich fühlen.

4. Zu jeder Partnerschaft gehören Konflikte und Auseinandersetzungen. Sie zeigen, daß die Partnerschaft aus zwei Individuen mit unterschiedlichen Vorstellungen und Lebensgeschichten besteht. Wenn es keine Konflikte mehr gibt, ist meist etwas faul in der Beziehung. Entweder der andere hat sich bereits sehr weit aus der Beziehung gelöst (innere Kündigung) oder er schluckt so lange, bis es einen großen Knall gibt. Liebe hat nichts mit Frieden, Freude, Eierkuchen zu tun.

Die Äußerung der Bedürfnisse ist ein Recht und die Pflicht jedes Partners. Jeder kann entscheiden, in welcher Form er seine Bedürfnisse äußert, und darüber, wie er mit der möglichen Ablehnung durch den Partner umgeht. Ein Anrecht auf die Erfüllung seiner Wünsche hat er nicht. Betrachten Sie die Äußerungen als Meinungen, die Sie nebeneinander stehenlassen können.

5. Respektieren Sie Ihren Partner als einen eigenständigen und liebenswerten Menschen. Sie haben ein Recht darauf, sich von ihm zu trennen oder bei ihm zu bleiben. Sie haben keinen Anspruch darauf, daß er sich nach Ihren Vorstellungen verändert.

6a) Schreiben Sie in Ihrem Tagebuch all die Eigenschaften auf, die Sie von einem idealen Partner erwarten. (geistig, körperlich, finanziell, etc.)

6b) Schreiben Sie auf, auf welche Eigenschaften Sie bereit sind zu

verzichten.
6c) Schreiben Sie auf, was Sie bereit sind zu geben.

7. Sind Sie auf der Suche nach bedingungsloser Liebe? Dann beginnen Sie, sich diese selbst zu geben. Akzeptieren Sie sich, wie Sie sind, bedingungslos und ohne Einschränkungen.
Sie sind liebenswert, genauso wie Sie sind, gleichgültig, wie Sie handeln.

8. Gehen Sie keine Partnerschaft mit dem Gedanken ein: „Das wird sich mit der Zeit schon geben." oder „Den werde ich mir schon hinbiegen.".
Fragen Sie sich: „Mag ich den Partner, wie er jetzt ist, oder denke ich, daß ich ihn später ändern kann?".
Wenn Sie beginnen, zu denken: „Ich würde ihn mehr lieben, wenn er nur ... ", wird seine Veränderung für Sie niemals genug sein, um Sie zufriedenzustellen.

9. In jedem Menschen steckt die Fähigkeit, Liebe zu empfinden. Jeder Mensch hat in seiner Kindheit durch seine Eltern gelernt, wie man Liebe äußert. Und mit dieser Vorstellung geht er in die Partnerschaft. Haben seine Eltern ihn viel gelobt und umarmt, so wird er diese Zeichen als Beweis für Liebe ansehen. Haben seine Eltern Liebe eher in materiellen Dingen ausgedrückt, so wird er dies als Liebesbeweis ansehen. Oder aber er hat sich vorgenommen, sich auf keinen Fall so wie seine Eltern zu verhalten, weil er damit unglücklich war. Entscheiden sich zwei Menschen füreinander, die unterschiedliche Vorstellungen davon haben, was der Partner tun müßte, um seine Liebe ihm gegenüber zu zeigen, wird es schwierig. Jeder glaubt, „aus Liebe" etwas zu tun, und diese Botschaft kommt beim anderen überhaupt nicht als Ausdruck von Liebe an.

Deshalb ist es notwendig, darüber zu reden, was man sich vom Partner wünscht. Achten Sie dabei darauf, daß Sie nicht denken:

„Wenn ich ihm schon sagen muß, was mir gefällt, kann es mit seiner Liebe nicht weit her sein.", „Wenn er mich wirklich lieben würde, wüßte er, was mir guttut.". Liebe hat nichts mit Gedankenlesen zu tun. In der Partnerschaft zählt die Bereitschaft, dem anderen zuliebe etwas zu tun.

Der Partner braucht keine Gedanken lesen zu können. Er braucht auch das, was man von ihm wünscht, nicht mit derselben Begeisterung zu tun, wie man selbst. Es genügt, wenn er ab und zu Dinge nur deshalb tut, weil er Sie mag und Ihnen einen Gefallen tun will.

Liebe ist ein Gefühl, das man nicht an Worten oder Taten festmachen kann. Heiratsschwindler sind hierfür die besten Beispiele. Sie zeigen alle Verhaltensweisen, die man sich wünscht, aber sie fühlen keine Liebe.

Viele Menschen haben es nicht gelernt, direkt Liebe zu zeigen, aber sie fühlen Liebe und Verbundenheit. Sie zeigen Liebe, indem sie für die Finanzen aufkommen oder praktische Arbeiten erledigen.

10. Unterstützen Sie Ihren Partner darin, das zu tun, was er tun möchte. Erfolgreiche und gute Partnerschaften sind meist die, in denen jeder dem anderen die Freiheit läßt, sich zu entfalten und weiterzuentwickeln. Was ist der Vorteil, zu zweit zu sein? Der Vorteil einer Partnerschaft liegt darin, von einem anderen Menschen Hilfe und Unterstützung für die Erreichung eigener Ziele zu bekommen. Der Sinn kann nicht der sein, daß man sich schlechter fühlt, als wenn man alleine wäre. Genau das ist aber der Fall, wenn man sich gegenseitig durch Verbote und egoistische Forderungen einschränkt und in der Freiheit beschneidet. Klammern und Einschränkungen helfen nicht zu vermeiden, daß der Partner geht. Im Gegenteil, je mehr wir den Partner einengen und an der Erfüllung seiner Wünsche hindern, um so wahrscheinlicher hegt er Trennungsgedanken.

11. Partnerschaft heißt, eigene Bedürfnisse zu äußern und das Risiko einzugehen, daß der Partner ärgerlich oder verletzt ist. Partnerschaft heißt nicht, seine Bedürfnisse um des lieben Friedens willen zu verschweigen, aber im stillen enttäuscht und verärgert zu sein - und dann dem Partner die Schuld zu geben, daß er rücksichtslos ist und die Bedürfnisse nicht erfüllt.

Verantwortung

Viele Paare, die zur Partnerschaftberatung kommen, schieben sich gegenseitig die Schuld an den Problemen in der Partnerschaft zu. „Wenn du nicht ... gesagt oder getan hättest, dann würde ich auch ... nicht tun!".

Durch solche Beschuldigungen kommt es zu einer immer größeren Zuspitzung des Konfliktes. Die Erwartung, die solche Paare an mich stellen, ist, Schiedsrichter zu sein. Ich weigere mich jedesmal, die Rolle des Schiedsrichters einzunehmen. Ich versuche vielmehr, zunächst einmal die Verantwortung jedes Einzelnen für seine Gefühle und sein Verhalten deutlich zu machen.

Jeder ist für seine Gefühle und sein Verhalten selbst verantwortlich. Kein anderer Mensch hat Kontrolle über unsere eigenen Gefühle und unser Verhalten.

Wenn in der Partnerschaft Schwierigkeiten entstehen, sind immer beide Partner beteiligt. Es geht also nicht darum, herauszufinden, wer angefangen hat und schuld ist, sondern was jeder Einzelne zum Konflikt beigetragen hat, was in jedem Einzelnen innerlich abgelaufen ist, um sich in einer bestimmten Art und Weise zu verhalten.

Startpunkt ist deshalb, daß jeder Partner beginnt, darüber zu sprechen, was er in der betreffenden Situation gedacht und gefühlt hat;

z.B.: „Ich habe erwartet, daß ..., und mich deshalb ... gefühlt.".

Indem jeder in der Ich-Form spricht, macht er deutlich, daß er für sein Gefühl selbst verantwortlich ist. Jeder Satzbeginn mit „Du hast ..." oder „Du solltest ..." oder „Wie konntest du nur ..." schiebt dem anderen die Schuld an den eigenen Gefühlen zu. Außerdem fühlt sich der andere sofort angegriffen und beginnt mit Verteidigung und Gegenvorwürfen: „Nie hast du ...", „Du bist genauso ...", „Denke mal an letzte Woche, wo du ...", „Du machst auch immer ...".

Es geht nicht darum, dem anderen Partner seine Gefühle wegzunehmen, sondern zu verstehen, weshalb er sich bei unserem Verhalten so fühlen und verhalten mußte. Hierzu müssen wir wissen, wie unsere Äußerung oder unser Verhalten bei ihm ankam.

Beide Partner sind insofern im Recht, als sie sich bei ihren eigenen Gedanken tatsächlich schlecht fühlen müssen, aber sie tragen selbst die Verantwortung für ihre Gedanken und Gefühle.

Freilich ist es für uns einfacher, den Partner verantwortlich zu machen: „Wegen dir mußte ich ... habe ich mich ... gefühlt". Dann müssen wir uns nicht ändern. Aber gleichzeitig machen wir uns hilflos. Wir sehen uns dem anderen ausgeliefert, wenn dieser sich nicht ändert.

Vorsicht, ich sage nicht, daß wir das Verhalten des anderen gutheißen müssen. Wir können dem Partner ruhig sagen, daß uns sein Verhalten nicht gefällt, und wir nicht bereit sind, es auf Dauer zu akzeptieren. Aber für unsere Gefühle sind wir dennoch selbst verantwortlich.

Wir haben die Entscheidung darüber,

- ob wir uns ärgern und den Ärger hinunterschlucken,
- ob wir uns ärgern und darüber sprechen, was uns nicht gefällt,

- ob wir ruhig bleiben und darüber sprechen, was uns nicht gefällt,
- ob wir ruhig bleiben und das Verhalten akzeptieren,
- ob wir uns trennen.

Wir haben keine Entscheidung darüber, ob unser Partner sich weiterhin in der gleichen Art und Weise verhält oder nicht.

Es ist hilfreich für die Partnerschaft, darüber zu sprechen, was uns nicht gefällt. Machen wir uns ärgerliche Gedanken und schlucken den Ärger hinunter, ist unser Ärger überflüssig. Er schadet einzig und allein uns selbst. Die Harmonie zwischen dem Partner und uns bleibt dann nur scheinbar erhalten, denn wir sind im stillen ärgerlich. Vielleicht wählen wir Trotz, Sarkasmus oder eine andere Form der Retourkutsche. Vielleicht sammeln wir den Ärger und explodieren dann bei einem banalen Anlaß. Vielleicht reagieren wir aber auch mit körperlichen Beschwerden.

Sicher ist, daß wir dadurch langfristig unserer Partnerschaft nicht helfen. Wir nehmen dem Partner die Möglichkeit, sich über unsere Erwartungen Gedanken zu machen und sie gegebenenfalls zu erfüllen. Wir schafffen uns damit eine unbefriedigende Partnerschaft. Eine Partnerschaft lebt durch die Auseinandersetzung und Beschäftigung mit den Vorstellungen jedes Einzelnen. Deshalb ist es ein wichtiges Ziel, faires Kommunizieren zu erlernen.

Im folgenden habe ich einige Übungen zusammengestellt, die Ihnen dabei helfen, Verantwortung für Ihre Partnerschaft zu übernehmen.

1. Sprechen Sie mit Ihrem Partner über Ihre Gefühle.
Formulieren Sie Ihre Sätze dabei in Ich-Form. Auf diesem Weg machen sie deutlich, daß Sie für Ihre Gefühle verantwortlich sind.
Nicht die andere Person macht Sie ärgerlich. Sie machen sich darüber ärgerlich, was der andere getan oder gesagt hat. Sagen Sie also anstatt: „Du machst mich ärgerlich." den Satz: „Ich mache mich ärgerlich

darüber, weil ich ... erwarte." „Ich habe mich gekränkt gefühlt, weil das ... bei mir so ... angekommen ist.". Bei anderen Gefühlen können Sie Ihre Verantwortung durch folgende Formulierungen deutlich machen:
„Ich fühle mich verletzt, weil ich ... denke."
„Ich bin traurig, weil ich ... erwartet habe."
„Ich habe Angst, weil ich mir Gedanken darüber mache, daß ...".

Um Nähe und Offenheit in die Partnerschaft zu bringen, ist diese Art von Austausch ganz besonders wichtig. So kann Sie Ihr Partner mit Ihren Augen sehen und verstehen lernen. Besonders wenn Sie ärgerlich sind, ist es wichtig, mit ihm zu sprechen. Jede Art ärgerlicher Gedanken stört Ihren Wunsch nach Nähe, auch z.B. nach Sex. Sie haben das Recht, Ärger zu spüren. Sie können entscheiden, in welcher Form Sie ihn äußern. Sie können Ärger aggressiv oder selbstsicher zeigen.

2. Machen Sie sich deutlich, daß kein Mensch Sie zu etwas zwingen kann, was Sie nicht möchten. Achten Sie besonders auf Gedanken wie: „Wegen meinem Partner muß ich ...". Korrigieren Sie diesen Satz. Richtig ist: „Ich entscheide mich dafür, weil ... ich mir davon ... verspreche.", „Ich verhalte mich so ..., weil ich keinen Streit möchte.".

Ihr Partner kann fordern, soviel er möchte. Wenn Sie seine Forderungen erfüllen, ist das Ihre Entscheidung und Verantwortung. Sie sind ihm nicht hilflos ausgeliefert. Er kann über sein Verhalten bestimmen, aber nicht über Ihres. Wenn Sie ihm aus Angst vor negativen Konsequenzen zustimmen, ist das Ihr Problem. Wenn Sie Ihrem Partner die führende Rolle geben, ist das Ihre Entscheidung. Wenn Sie in Ihrer Partnerschaft die Rolle des Organisators und „Serviceunternehmens" übernommen haben, ist das auch Ihre Entscheidung.

3. Schauen Sie einmal rückblickend Ihre vergangene Partnerschaft an. Welche Rolle hatten Sie für sich gewählt? Waren Sie derjenige, der damit beschäftigt war, daß es dem Partner gutgeht? Waren Sie der-

jenige, der sich dem Partner gegenüber hilflos fühlte? Oder waren Sie derjenige, der dem Partner sagte, was er tun sollte? Waren Sie derjenige, der gegen ihn rebellierte? Dann herrschte in Ihrer Partnerschaft ein Ungleichgewicht bezüglich der Verantwortung.

Solange beide Partner mit der Rollenverteilung einverstanden sind, funktioniert die Beziehung. Beginnt jedoch einer der beiden, diese Struktur zu verändern, führt das häufig zu dem Auseinanderbrechen der Partnerschaft.

So passiert es z.B. häufig, daß die Partnerschaft auseinanderbricht, wenn die Frau sich emanzipiert, eigene Aktivitäten entwickelt, einen eigenen Freundeskreis aufbaut oder wieder arbeiten gehen möchte.

4. Wenn Sie sich in der vergangenen Partnerschaft die Rolle gewählt hatten, dem Partner zu helfen, und sich für alles verantwortlich gefühlt haben, dann sollten Sie dieses Verhalten Ihnen zuliebe verändern - und zwar bevor Sie die nächste Partnerschaft beginnen.
a) Lehnen Sie in Ihrem Bekanntenkreis das nächste Mal ab, wenn ein anderer Sie um eine Gefälligkeit bittet.
Sagen Sie schlicht und einfach „nein" ohne Erklärung und Entschuldigung.
Sie haben ein Recht dazu, Unterstützung abzulehnen - solange der andere sich nicht gerade in Lebensgefahr befindet. (Ich meine Lebensgefahr wörtlich). Es gibt noch andere Menschen, die helfen können. Sie können überleben, wenn der andere enttäuscht oder verärgert ist. Das ist ein Ausdruck seiner persönlichen Einstellungen.

b) Bitten Sie jemanden, etwas für Sie zu tun.
Sie haben ein Recht dazu, andere um Hilfe zu bitten. Sie werden es überleben, wenn der andere ablehnt. Das hat nichts mit Ihrer Person zu tun. Die Ablehnung sagt etwas über seine Wünsche aus - nicht über Ihre Person.

Verstehen Sie mich nicht falsch, ich finde es gut, wenn Sie andere Menschen unterstützen und ihnen helfen. Aber Sie sollten die Wahl haben, ob Sie helfen oder nicht. Wenn Sie nur aus Angst vor Ablehnung helfen, fühlen Sie sich dem anderen ausgeliefert und werden aggressiv. Sie denken: „Daß der nichts selbst machen kann und sich immer an mich wenden muß!".

5. Wenn Sie in der vergangenen Partnerschaft die Rolle gewählt haben, nur nach sich zu schauen und den anderen beständig zu kritisieren, dann überlegen Sie sich einmal, weshalb Sie den anderen kritisieren. Welche Anforderungen stellen Sie an den anderen? Warum muß er Ihre Forderungen erfüllen? Lernen Sie zu sagen: „Ich würde mich freuen, wenn du ..., aber ich kann auch akzeptieren, daß du ... nicht machst. Du bist nicht auf der Welt, meine Vorstellungen zu erfüllen.".

Die Freiheit zu entscheiden

Durch die Trennung ausgelöst mußten Sie Zeit in Ihre persönliche Entwicklung anstatt in Ihre Partnerschaft investieren. Lassen Sie Ihren Blick noch einmal hinunter bis ins Tal schweifen. Wir können von hieraus die einzelnen Etappen deutlich erkennen, die Sie zurückgelegt haben. 10 Wegweiser kennzeichnen den Weg zum Gipfel:

1. Akzeptieren Sie, daß die Partnerschaft zu Ende ist. Ihr Partner ist gegangen.

2. Akzeptieren Sie Ihre negativen Gefühle. Wut, Haß, Schuldgefühle, Verzweiflung, Selbstzweifel, Angst und Einsamkeit sind menschliche Gefühle, die nach einer Trennung bei fast allen Menschen auftreten.

3. Übernehmen Sie Verantwortung für Ihre Gefühle. Sie bestimmen Ihre Gefühle durch Ihre Gedanken. Sie können lernen, anders zu denken.

4. Lernen Sie, Ihre Gefühle auf unschädliche Weise auszudrücken.

5. Verzeihen Sie sich und Ihrem Expartner. Sie haben beide ihr Bestes gegeben.

6. Akzeptieren Sie sich selbst, so wie Sie sind - ohne wenn und aber. Sie sind liebenswert und einzigartig.

7. Suchen Sie nach neuen Bekannten und Freunden.

8. Schließen Sie Frieden mit Ihren Eltern. Was sie Ihnen gegeben haben, war alles, was sie überhaupt geben konnten.

9. Lernen Sie, anderen wieder zu vertrauen.

10. Entwickeln Sie eine neue Vorstellung von Partnerschaft. Die Partnerschaft ist ein Gewinn-Gewinn-Spiel. Jeder hat das Recht, seine Bedürfnisse zu äußern.

Nach diesen Wegweisern haben Sie sich gerichtet und schließlich den Gipfel erreicht. Sie haben sich durch Verzweiflung, Wut, Haß, Minderwertigkeits- und Schuldgefühle durchgearbeitet. Sie haben Einsamkeitsgefühle verspürt und überlebt. Sie haben gelernt, den Alltag alleine zu meistern und auch alleine mit sich zufrieden zu sein.

Sie haben erlebt, wie wenig Sie sich mochten, und wie sehr Sie die Anerkennung durch Ihren Expartner benötigten. Und schließlich haben Sie sich ein neues positives Selbstwertgefühl erarbeitet, das weitgehend unabhängig von der Anerkennung und Meinung anderer ist.

Sie haben erkannt, welche Rolle Sie sich freiwillig in Ihrer vergangenen Partnerschaft gewählt hatten, und welcher Zusammenhang zwischen Ihrem heutigen Verhalten und Ihrer Kindheit besteht. Sie wissen jetzt, daß Sie die Verantwortung für Ihre Gefühle und die Erfüllung

Ihrer Bedürfnisse tragen.

Sie haben die Suche nach der „verlorenen Hälfte" aufgegeben. Sie brauchen keine Verabredung, um Ihrer Einsamkeit und Verzweiflung zu entrinnen. Sie können nun frei entscheiden, mit wem Sie zusammensein wollen. Sie müssen nicht mehr schauen, daß Sie, gleichgültig wen, zur Gesellschaft haben. Sie haben gelernt, neue Menschen kennenzulernen. Sie sind dabei, neue Aktivitäten zu entwickeln, anstatt die Zeit mit den Aktivitäten des Expartners zu verbringen. Die Trennung hat Ihnen Gelegenheit gegeben, Ihre Vorstellungen von Liebe, Partnerschaft und Sexualität zu überdenken.

Den Fortschritt, den Sie erzielt haben, hat niemand für Sie erreicht. Es ist Ihr persönlicher Fortschritt, den Sie bewirkt haben. Deshalb kann ihn auch niemand wegnehmen. Das Leben, Ihre Zufriedenheit ist in Ihrer Kontrolle. Lassen Sie das gute Gefühl über Ihren Fortschritt zu.

Jetzt haben Sie die Freiheit, das Alleinsein als einen alternativen Lebensstil anzusehen und zu wählen oder sich für eine neue Bindung zu entscheiden. All diese Erfahrungen helfen Ihnen, eine neue erfolgreiche Partnerschaft zu gestalten.

Ich kann Ihnen nicht versprechen, daß Sie einen Partner finden werden, mit dem die Partnerschaft auf Dauer erfolgreich sein wird. Was Sie sicher haben können, ist,

- daß Sie sich selbst akzeptieren und mögen, gleichgültig, was Sie tun oder sagen,
- daß Sie das Leben alleine genießen können,
- daß Sie andere Menschen besser verstehen und akzeptieren können,
- daß Sie die Freiheit haben, über Ihre Zeit und Ziele zu bestimmen,
- daß Sie die Freiheit haben, zu verreisen und neue Menschen kennenzulernen,

- daß Sie die Chance haben, eigene Kräfte und Grenzen zu erfahren,
- daß Sie Ihren eigenen Lebensstil entwickeln können, der optimal auf Ihre Bedürfnisse zugeschnitten ist.

Sie werden in Ihrem weiteren Leben Menschen begegnen, die genau denselben Weg zum Gipfel aufgestiegen sind.

Manchmal werden Sie Rückfälle bei sich erleben und Ihre alten Verhaltensweisen bei sich wiederentdecken. Lassen Sie sich nicht entmutigen, das ist menschlich. Nehmen Sie Ihre alten Verhaltensweisen zur Kenntnis. Akzeptieren Sie sie und handeln Sie nach Ihrem neuen Lebenskonzept.

- 7 -
Die Geschichte einer Beziehung

In meine Praxis kommen täglich Menschen, die mir die „Leidensgeschichte” ihrer Partnerschaft erzählen. Eine Klientin möchte mit Ihnen ihre Erfahrungen in der Partnerschaft und nach der Trennung teilen. Es handelt sich um sehr persönliche Bekenntnisse, die für sich selbst sprechen.

Meine Tagebuchaufzeichnungen
Ute E.

„Ich schaffe es nicht, es ist zum Verrücktwerden. Traurig, traurig, traurig. Wohin soll ich flüchten? Ich nehme mich ja überall mit hin. Es wäre schön, wenn er anriefe. Aber er ruft nicht an. Wird er gar nicht mehr anrufen? Was denkt er jetzt? Ich tue so, als wäre es mir egal, doch das ist es nicht. Ganz und gar nicht.

Ich habe den Wunsch zu sterben. Einschlafen und nicht mehr aufwachen. Das wäre schön. Ich sehe nur noch grau. Mit Ausnahme der schönen Stunden mit ihm. Die stelle ich mir immer wieder vor. Ein Wort von ihm, „ich hab Dich lieb”, oder daß er sich meldet, einfach so. Nichts, wir haben nichts ausgemacht, er meldet sich nicht. Wie lange soll ich jetzt warten? 4 Wochen? Ich versuche verzweifelt damit zu leben.

Und ich bin verdammt verzweifelt. Heute abend waren alle so komisch. Ich komme mir vor, als wäre ich verrückt. Stimmen klingen so hohl, so leer. Andere zu verstehen, heute abend unmöglich.

Verdammt noch mal, ich bin doch keine Maschine. Ich bin ein Mensch mit Gefühlen und im Moment geht es mir so beschissen wie noch nie. Und jetzt ist keiner da, der mir hilft. Warum nicht? Warum läßt er mich alleine?

Ich bin wieder so weit, wie ich es schon einmal war. Ich warte. Ich warte auf ein Lebenszeichen von ihm. Ich ... Dramatisiere ich?

Ob ich ihm fehle? Ob er mich noch lieb hat? Wenn er jetzt nur mit mir geschlafen hat, weil er Bock darauf hatte? Und sonst will er nichts mehr? Das würde mir den Rest geben. Ich glaube, dann bring ich mich um. Mit jedem anderen, nur nicht mit ihm. Ich kann kein leichtes Verhältnis mit jemandem haben, den ich liebe. Warum ruft er nicht an? Warten, daß er anruft, sich zeigt, zu mir zurückkommt. Kann man denn von mir verlangen, ich soll so tun, als wäre nichts gewesen? Nein, nein, nein. Es war mehr. Viel mehr. Von meiner Seite jedenfalls. Und von seiner Seite? Was war es ???

Was wollte ich denn? Fähig sein, alleine zu leben. Aber ich will mit ihm leben. Ich mach´ mir doch immer nur was vor. Locker sein, heute hier, morgen da. Das will ich ja eigentlich gar nicht. Oder doch? Geht es mir nur so, weil es mir schlecht geht? Warum hänge ich denn wieder so in den Seilen? Ich will ihn nicht hergeben, und wenn ich dabei draufgehe. Entweder ihn oder sterben.

Was hat dieser Mann für einen Einfluß auf mich? Es ist zum, ach scheiß´ drauf. Ich will keine Liebe auf Zeit. Die Zeit, die wir miteinander verbracht haben, kann mir niemand wegnehmen. Sicher. Aber war es Liebe?

Wo soll das nur hinführen? Ich gereizt, geladen, voller Aggressionen. Ich stoße die Leute vor den Kopf und haue sie von der Seite an. Ich will das gar nicht, aber meine Nerven spielen nicht mehr mit. Kopf hoch, es geht alles vorüber. Aber wie sehe ich danach aus? Geschlagen oder aufrecht? Geknickt oder gepflügt? Schau´ nicht zurück, du machst dich verrückt. Wohin soll ich mich flüchten, wenn ich nicht mehr weiter weiß? Es wird von mir verlangt, den Kopf hoch erhoben zu tragen. Ute, du bist so stark, du schaffst das schon, reiß´ dich halt ein bißchen zusammen, du wirst das schon schaffen, nicht wahr, du läßt dich nicht hängen.

Es ist mir aus der Hand genommen worden. Soll ich rennen oder soll ich eine Tasse an die Wand hauen? Soll ich saufen oder raufen? Soll ich schreien oder weinen ? Ich will weder das eine, noch das andere. Ich will leben und mich nicht andauernd entscheiden müssen. Ich will verdammt noch mal auch schwach sein, oder denkt ihr vielleicht, ich bin Herkules?

Ich kämpfe schon wieder darum, ob ich anrufen soll oder nicht. Warum soll ich eigentlich nicht anrufen? Warum will ich anrufen? Wie ich diesen Mann liebe. Es ist zum Verzweifeln.

Der Abend ist gelaufen und ich lebe noch. Aber ich habe angerufen. Er war pampig und hat gleich wieder aufgelegt. Er hat mich schon vergessen. Und ich sitze hier und glaube noch an ein glückliches Ende. Aber je später es wird, je mehr Zeit verstreicht, desto mehr glaube ich nicht mehr daran.

Wo ist meine Kraft geblieben? Ich fühle mich verwelken. Dieses Schutzschild fehlt mir so sehr. Du gottverdammter Vollidiot. Was mach´ ich nur, wenn ich einmal aus einem Tief nicht mehr herauskomme? Das wird es wohl nicht geben, nur die Zeitdauer eines Tiefs wird immer länger. Und wenn mich dann mal wieder ein Tief anspuckt, irgendwann werde ich dann mal die Schnauze voll haben und dann hat er eben Pech gehabt. Dann kann er sich meine Liebe irgendwo hinschmieren. Was habe ich eigentlich von so einem Mann, der so mit Blindheit geschlagen ist? Mit der Machete möchte ich dir den Kopf abschlagen. Es wäre gar nicht schade drum. Ist eh bloß Stroh drin. Diese

Warterei macht mich ganz krank und konfus. Ich möchte ihn herbeiprügeln, mit knüppelharten Schlagstöcken möchte ich ihm die Birne weichhauen, bis der Saft spritzt.

Das bohrt in mir und reißt mich in Stücke. Wie soll ich das aushalten? Ich möchte aufstehen und ihm sagen, daß ich es nicht schaffe. Ich pack´s einfach nicht. Es ist so schwer. Schwerer, als ich dachte. Ich möchte sterben. Ich bin so müde. Ich habe keine Kraft mehr. Ich möchte weinen, aber nicht einmal das kann ich mehr. Ist das nicht ein zu hoher Preis? Ich bin eine Frau aus Fleisch und Blut, mit Gefühlen. Was tust du mir an?

Ich fühle mich so einsam. Ich bin froh, daß ich zu mir finden kann. Meine Gedanken kreisen schon wieder um ihn. Ich bin unsicher. Ich habe den Boden verloren. Ich liebe ihn noch wie zuvor. Ich sehne mich nach ihm. Ausgerechnet jetzt will er nicht bei mir sein. Es tut so weh.

Soll ich immer noch glauben, er käme zurück? Er kommt nicht. Irgendwann muß ich es ja mal einsehen. Warum läuft alles so furchtbar schmerzhaft ab? Ich habe so viel falsch gemacht. Nicht er hat verdorren lassen, sondern ich. Ich habe gedrückt, gequetscht, geklammert, bis ihm die Luft ausging. Jetzt, jetzt kann ich ihn gut verstehen. Kann ihm fast nachfühlen, wie er um Platz und Luft gekämpft hat. Gesagt hat er es, aber ich habe nicht hören wollen. Mir fehlte seine Liebe, Fürsorge, seine Ausstrahlung, Zufriedenheit. Ich habe sie ihm kaputtgemacht. Statt sie bei mir zu holen, habe ich ständig an ihm herumgenörgelt.

Tage gehen dahin und nichts ändert sich. Ich möchte mit dem Kopf an die Wand rennen. Dumpf fühle ich den Schmerz in allen Gliedern. Morgens nehme ich mir so viel vor, doch kaum bin ich zuhause, kaum schließe ich die Tür hinter mir, empfängt mich auch schon der Schmerz und hüllt mich restlos ein. Läßt mir keine Möglichkeit, etwas zu tun.

Es geht mir heute wieder gut. Die Therapie hat mir so viel gebracht. Sie hat mir mein Leiden nicht abgenommen, denn trauern muß jeder für sich alleine. Aber ich habe gelernt, mit Trauer zu leben. Das liest sich so flüssig, aber was es wirklich heißt, das weiß nur der, der wirklich trauert. Was es heißt, trotz der bleiernen Schwere Dinge zu tun, die wichtig sind, um persönlich weiterzukommen. Gegen Hilflosigkeit amkämpfen, die so schwer lähmt.

Nachwort

Liebe Leserin, lieber Leser,

unsere gemeinsame Gipfelbesteigung ist nun zu Ende. Wir sind am Ziel. Ich möchte Ihnen dafür danken, daß Sie so weit mit mir gegangen sind. Jetzt ist es an der Zeit, uns zu verabschieden.

Ich habe Ihnen alles gegeben, was Sie benötigen, um die Trennung erfolgreich zu bewältigen, und um sie als Chance für Ihre Weiterentwicklung zu nutzen.

Legen Sie dieses Buch jetzt nicht für immer zur Seite. Arbeiten Sie weiterhin an den Übungen, insbesondere an den Übungen aus der Phase III.

Sie wissen, daß jedes Umlernen Zeit und Training benötigt. Auch nach dem Umlernen sollten Sie im Training bleiben. Sie wollen sich kein theoretisches Wissen erwerben, sondern mehr innere Harmonie und Zufriedenheit. Positive Gefühle sind vergleichbar mit Zierpflanzen in einem Blumengarten. Sie benötigen tägliche Pflege und Sorgfalt. Unsere negativen Gedanken und Gefühle sind vergleichbar mit Unkraut, das alleine wächst und sehr hartnäckig ist.

Auch wenn Sie den Garten einmal auf „Vordermann" gebracht haben, genügt das nicht, um jahrelang zu ernten. Lassen Sie Ihren geistigen Garten nicht verwildern, sondern pflegen Sie täglich Ihre positiven Gedanken und Gefühle. Beginnen Sie den Tag damit, daß Sie sich im Spiegel anschauen und sich selbst etwas Nettes sagen. Vermeiden Sie Selbstverurteilung und Selbstkritik. Dann werden Sie sich einen schönen Tag schaffen, gleichgültig, ob Sie anderen netten Menschen begegnen oder nicht.

Wofür auch immer Sie sich entscheiden - für das Singlesein oder eine neue Partnerschaft - : Ich wünsche Ihnen viel Erfolg, die Fähigkeit, sich mit Ihren Stärken und Schwächen zu akzeptieren, den Mut, Ihre Bedürfnisse zu äußern, die Fähigkeit, andere Menschen zu achten und fair zu kommunizieren, und neue aufregende Erfahrungen mit sich selbst.

Ihre
Doris Wolf

Suchen Sie fachliche Beratung und Unterstützung?

Wenn Sie nach dem Lesen dieses Buches den Rat und die Hilfe eines Diplom-Psychologen in Anspruch nehmen möchten oder wissen möchten, wo sich in Ihrer Nähe eine Selbsthilfe-Gruppe befindet, dann schreiben Sie uns. Sie erhalten von uns dann eine Liste mit Anschriften von Personen und Organisationen, an die Sie sich wenden können. Wir erteilen diese Auskunft nur schriftlich.

Wichtig! Schicken Sie uns bitte einen an Sie adressierten und ausreichend frankierten Briefumschlag. Wenn Sie in einer ländlichen Gegend oder einem kleinen Ort leben, teilen Sie uns bitte die nächstgrößeren Städte mit.

Auf unserer Homepage finden Sie viele weitere nützliche Informationen wie etwa die Psychotipps unserer Autoren Dr. Doris Wolf und Dr. Rolf Merkle. Außerdem bieten viele Links zu Organisationen die Möglichkeit, weiterführende Informationen und Hilfestellungen zu bekommen.

PAL Verlagsgesellschaft
Am Oberen Luisenpark 33
68165 Mannheim
Tel.: 0621-415741
Fax: 0621-415101

www.palverlag.de

Organisationen, die Ihnen weiterhelfen können

Malteser Telefonberatung
Tel.: 0221-9822222

Interessengemeinschaft für Unterhalt und Familienrecht
Herzog-Heinrich Str. 6, 80336 München
Tel.: 089-6911190

Arbeitskreis Partnerschaftskrise, Trennung und Scheidung e.V.
Eschersheimer Landstr. 531, 60431 Frankfurt
Tel.: 069-519573

Verband alleinstehender Mütter und Väter e.V.
Hasenheide 70, 10967 Berlin, Tel: 030-6959786

Schweiz
KOSCH Koordination der Selbsthilfegruppen in d. Schweiz
Laufenstr. 12, CH 4053 Basel, Tel.: 0848810814

Österreich
SIGIS Service- und Informationsstelle für Gesundheitsinitiativen und Selbsthilfegruppen
Mariahelferstr. 176/8, 1150 Wien

Schenken Sie uns 5 Minuten Ihrer Zeit?

Liebe Leserin, lieber Leser,

um Sie und andere Leser auch in Zukunft optimal unterstützen zu können, benötigen wir Ihre Mithilfe. Beantworten Sie bitte die nachfolgenden Fragen. Ihre Antworten sollen uns helfen, unsere Bücher noch mehr auf die Wünsche und Bedürfnisse unserer Leser abzustimmen. **Am Ende jedes Monats verlosen wir unter allen Einsendern dieses Fragebogens 10 Dankeschön-Preise (Telefonkarten unseres Verlages, Postkarten mit positiven Gedanken, usw.) Ein Anspruch auf einen bestimmten Gewinn besteht nicht. Der Rechtsweg ist ausgeschlossen.**

1. Welches Buch haben Sie gelesen? Bitte Titel angeben.

2. Was gefällt Ihnen am besten daran?

3. Was stört Sie am meisten?

4. Was könnte man Ihrer Meinung nach verbessern?

5. Ist der Text so gestaltet, daß man ihn gut lesen kann?

6. Was hat Ihnen am meisten geholfen?

7. Kennen Sie ein anderes Buch zum gleichen Thema, das Ihnen mehr geholfen hat bzw. besser gefällt? Wenn ja, bitte Titel und Autor nennen.

8. Benötigen Sie noch weitere Hilfestellungen? Wenn ja, welcher Art?

9. Wie oder durch wen sind Sie auf dieses Buch gestoßen?

10. Würden Sie ein Seminar zu dem Thema dieses Buches besuchen, wenn es vom Autor dieses Buches angeboten würde?

Trennen Sie diese Seite bitte aus dem Buch heraus und schicken sie an uns.

Vorname .... Name ....

Straße ....

PLZ/Ort ....

Ihre Angaben werden streng vertraulich behandelt und dienen nur der Verbesserung unserer Bücher. Nach Auswertung wird dieser Fragebogen vernichtet.

PAL Verlagsgesellschaft • Am Oberen Luisenpark 33 • 68165 Mannheim
Tel.: 0621-415741 • Fax: 0621-415101